GELERT

Gwen Pritchard Jones

bwthyn
GWASG Y BWTHYN

ISBN: 978-1-904845-48-5

Dymuna'r cyhoeddwyr gydnabod cymorth
Adrannau Cyngor Llyfrau Cymru

Lluniau: Petra Brown

Cyhoeddwyd ac argraffwyd:
Gwasg y Bwthyn, Caernarfon

CYNNWYS

Pennod 1

Haia! Dyma'ch diwrnod lwcus chi! Dyma'r diwrnod rydach chi'n mynd i gyfarfod ci mwyaf arbennig y byd – fi! Rydw i'n dŵad o deulu pwysig iawn, iawn o gŵn Cymru. Wyddoch chi pwy oedd fy hen hen hen hen hen hen hen hen hen hen hen hen hen hen hen hen hen hen hen hen . . . (faint ydi hynna, dwedwch? Dwi'n dda am wneud bob dim ond syms. Coeliwch fi, mae 'na beth wmbrath o 'hens'!) . . . hen-daid i? Ia, Gelert y Cyntaf! ***Y*** Gelert. Hwnnw ddaru achub y babi 'na. Be, 'da chi'm yn gwybod y stori? Wel, gofynnwch i rywun arall ei deud hi wrthach chi. 'Sgen i ddim amser rŵan.

Beth bynnag, mi ddaru'r brenin dwy-goes roi arfbais i'w fab o, ac mae'n dal yn ein teulu ni. Fi sy'n edrych ar ei ôl o rŵan – be, 'da chi'm yn gwybod be 'di arfbais? Wel, mae o fel rhyw fath o fathodyn ffansi, fel sydd gan glybiau o ddwy-goesiaid sy'n rhedeg fel ffyliaid rownd cae ar ôl pêl ledar, a llwyth o ddwy-goesiaid eraill yn bloeddio a sgrechian arnyn nhw (ac maen nhw'n filain iawn os ydan ni'r cŵn yn ceisio ymuno'n y gêm).

Wel, ia, yn ôl at yr arfbais. Ar un ein teulu ni, mae llun reit ddel o fy hen hen – ia, wel, dwi ddim am fynd drwy hynna eto – daid i, Gelert y Cyntaf, neu Gelert I, a chorff blaidd o dan ei draed o. Mae 'na fwy o farciau o amgylch yr ymyl, a does gen i ddim clem beth ydi'r rheini. Rhag ofn eich bod chi'n glyfrach na fi (choelia i fawr!) mi ddangosa i sut farciau ydyn nhw:

SEMPER FIDELIS SED CAVE CANEM.

Dwi'n iawn, yn tydw, dydych chi fawr haws!

Ond mae'r dwy-goesiaid yn hoff iawn o wneud y marciau yma ar bob dim. Lle bynnag rydw i'n mynd, mi fydda i'n gweld y marciau – ar waliau, ar ddarnau o fetel, hyd yn oed ar bapur, ac weithiau mae 'na lwythi o bapurau wedi eu rhoi at ei gilydd, a'r marciau ym mhobman arnyn nhw.

Ac mae'r marciau yma'n bwysig, bwysig i'r dwy-goesiaid, credwch chi fi! Dwi'n cofio un tro i mi benderfynu gwneud nyth mewn pentwr o bapur efo'r marciau arnyn nhw. Roeddwn i wrthi'n reit galed yn rhwygo'r papur efo f'ewinedd, er mwyn gwneud nyth mwy clyd, 'da chi'n deall, pan glywodd y dwy-goes mawr fi. Wel, sôn am le! Doedd bloeddio cae pêl-droed yn ddim i'r bloeddio yn tŷ ni bryd hynny! Roedd o'n dawnsio a gweiddi ac yn cymryd tameidiau o'r papur i drio fy waldio i ar fy mhen! Mi ddychrynais i am fy mywyd. Wnes i fyth 'mo hynny eto.

Sôn am tŷ ni, well i mi ddeud 'chydig bach wrthych chi am ble dwi'n byw. Tŷ rhes ydi o, un o bedwar, mewn stad fawr mewn tref fawr. Gan mai'r tŷ pen ydi o, mae'r ardd yn mynd o'r giât ffrynt, heibio'r talcan, ac yn ôl yn bell heibio'r drws cefn. Digon o le i mi chwara. Mae gen i gwt pren bach fy hun yn y cefn, ond dydw i ddim yn malio llawer amdano fo. Well gen i fod yn gynnes yn y tŷ efo pawb, lle mae digon o dwrw a hwyl. Ond weithiau mae'r dwy-goesiaid mawr yn gweiddi arna i, ac yn fy ngyrru allan i'r cwt. Maen nhw'n gas a chreulon weithiau.

Geraint fydd yn dod allan ata i bryd hynny. Fo ydi'r gorau o'r dwy-goesiaid i gyd. Mae 'na bump ohonyn nhw – dau mawr o'r enw Mam a Dad, ac yna Eifion a Mair a Geraint. Geraint ydi cyw melyn olaf y nyth – mae o'n naw oed, ac yn grêt. Ni ydi'r mêts gorau'n y byd, yn cael andros o lot o hwyl efo'n gilydd, yn enwedig pan mae Geraint eisiau gadael y tŷ am fod Mam a Dad yn cadw twrw. Mae hynny'n digwydd yn aml iawn, gwaetha'r modd. Welais i 'rioed ddau dwy-goes yn cael cymaint o bleser o floeddio ar ei gilydd, naddo wir! Dydyn nhw ddim yn sylweddoli cymaint mae eu twrw yn brifo clustiau ci, na wyneb Geraint o ran hynny. Pan maen nhw'n dechrau arni, rydw i wedi sylwi lawer tro ar y ffordd mae wyneb Geraint yn crebachu a mynd yn llinellau mân drosto, a'i lygaid yn llenwi efo dŵr. Mi fydda i'n hoffi meddwl bod cael chwarae efo fi yn gwneud iddo fo deimlo'n well.

Dyna pam rydan ni bob amser efo'n gilydd, heblaw pan mae Geraint yn mynd i'r ysgol. Bob bore, mi fyddan ni'n cychwyn o'r tŷ, ac yn mynd i gyfarfod Emyr, ffrind Geraint. Mae gan Emyr gi hefyd, wel, gast i fod yn fanwl gywir! Del ydi'i henw hi, ac OOOOO, mae hi'n *DDEL*!!!! Mi rydw i dros fy mhen a'm clustia mewn cariad â Del. Welsoch chi erioed ast brydferthach yn eich dydd! Ci defaid ydi hi, efo gwallt hir, llyfn fel sidan o ddu a llwyd a gwyn, ac mae ganddi hi'r llygaid gleision 'ma sy'n gneud i chi fod isio'i phlesio hi bob amser.

Ond mae 'na fwy iddyn nhw na hynny, cofiwch; peth wmbrath mwy. Mae 'na adegau pan mae'r llygaid gleision yna'n gallu dweud llawer iawn mwy na geiriau, yn arbennig os na fydd rhywbeth yn ei phlesio. Erbyn hyn, rydw i wedi gallu rhestru'r edrychiadau mae hi'n ei rhoi o un i ddeg, yn dibynnu ar y drosedd. Dyna chi edrychiad un, sy'n gwneud i ddeilen letys wywo, i fyny at edrychiad deg, sy'n ddigon i droi carreg yn ddŵr. Mi ro i enghraifft i chi.

Mi welais i hi un tro yn wynebu criw o

ddwy-goesiaid ifanc, annifyr, oedd yn plagio hen ddwy-goes ar ei ffordd adra, dwy-goes oedd angen ffon arno fo i'w helpu i gerdded. Doedd hi ddim chwinciad yn eu cael i gongl fel tasa nhw'n griw o ddefaid twp, ac mi cadwodd nhw yno efo edrychiad naw (fyddai'n ddigon i ffrio sosej) nes bod yr hen ddwy-goes wedi cyrraedd ei dŷ. Roeddan nhw ei hofn hi am eu bywydau!

Ond dyma fi'n crwydro eto. Mi allwn i siarad am Del efo chi am byth! Eisiau deud stori wrthych chi sydd arna i. Stori am y tro y cefais ddamwain ar y stryd fu bron â'm lladd, ac fel y gwnes i achub bywyd Geraint, a chyfarfod . . . wel, na, ddeuda i ddim rhagor rŵan rhag difetha'ch hwyl chi.

Pennod 2

Mi ddechreuodd y diwrnod fel pob diwrnod arall. Geraint a fi'n cyfarfod Emyr a Del. Cerdded i'r ysgol, deud ta-ta, welwn ni chi amser dod adra. Del a fi'n cerdded am y cae chwarae. Dydan ni ddim yn cael mynd arno fo, ond mae 'na goedwig o amgylch y cae i gyd, ac mi allwn ni fynd drwy'r goedwig i lawr at yr afon.

Mae gennym ni lot o ffrindiau yn y dref, ac mi fyddan ni'n galw heibio pawb wrth fynd ar ein ffordd. Dyna chi Smwt, er enghraifft, y Westi. Fel arfer, mi aethon ni heibio'i dŷ o gynta heb sylweddoli'n llawn pa effaith roedd ei gwmni'n mynd i'w gael arnom.

"Haia, Smwt!"

"Haia Gel, haia Del! Ogleuon da?"

(Mi ddyliwn i egluro mai Gel ydw i i fy ffrindiau. Mi gewch chithau 'ngalw i'n Gel hefyd – 'da chi'n ffrindiau i mi, yn tydach?)

"Siort ora! A chdi?"

"Iawn," atebodd Smwt, mewn llais oedd yn deud nad oedd pethau'n iawn o gwbwl. "Mae nwy-goes i'n sâl yn ei wely, a cha i ddim mynd allan ar fy mhen fy hun."

"Tyrd efo ni, 'ta. Fyddi di ddim ar dy ben dy hun wedyn."

Roedd Smwt yn crafu'i ben am funud.

"Ti'n siŵr fod hynny'n iawn?" medda fo wrtha i.

"Wrth gwrs. Dwi'n iawn bob amser, yn tydw?"

Cysidrodd Smwt y mater am eiliad neu ddau, yna daeth gwên fawr dros ei wyneb, a rhoddodd winc ar Del.

"O'r gora," medda fo. "Rhoswch am funud bach," a diflannodd o'r golwg i lawr ochor ei ardd, yna dod yn ôl i'r golwg yn ara bach. Trwyn i ddechrau, yna llygaid, clustiau, coesau blaen, ysgwyddau, cefn, coesau ôl, nes ei fod ef a'i gynffon ar y palmant efo ni.

"Well i ti golli pwysa," medda fi. "Mi rwyt ti'n mynd yn rhy dew i sdwffio drwy'r twll 'na'n y ffens."

"Paid â sôn!" atebodd Smwt. "Mi rwyt ti'n

swnio fel fy nwy-goes i! Deiat, deiat! Dyna'r cwbwl dwi'n gl'wad o fora gwyn tan nos ganddo fo, a finna bron â marw isio bwyd. 'Sgen ti'm tamad o asgwrn i mi, 'rhen goes?"

Ysgydwais fy mhen.

"Del?" meddai'n obeithiol wrthi hi, a'r olwg mwya truenus welsoch chi erioed ar ei wyneb.

"Sori, Smwt," atebodd hitha, gan edrych i lawr ei thrwyn arno fo. "Mi fydda inna'n gorfod gwylio 'mhwysa, hefyd." Mae hi'n gallu swnio'n goeglyd iawn weithiau.

"Bo-ring," meddai Smwt gan wfftio. "Dewch 'ta, bois, cyn i mi gael copsan."

A dyna'r tri ohonan ni'n cychwyn am y goedwig wrth y cae chwarae. Ond i gyrraedd fan 'no, rhaid mynd drwy stryd o dai crand, ac mi fyddan ni bob amser yn cael hwyl yna. 'Da chi'n gweld, mae 'na ddau gi'n byw yno, drws nesa i'w gilydd. A credwch chi fi, allan nhw ddim diodda'i gilydd o gwbwl. Dydi'r ddau deulu o ddwy-goesiaid ddim y ffrindiau gorau'n y byd, chwaith. Ac mi ddeuda i pam wrthoch chi. Neu'n well fyth, mi ddeuda i beth ddigwyddodd y bora arbennig yma.

Ond cyn gwneud hynny, rhaid i mi egluro. Pŵdl bach gwyn ydi un ohonyn nhw. Mae o'n byw efo Mr a Mrs Dafis. A wyddoch chi be 'di enw'r creadur bach druan? Na? Wel, steddwch i lawr, rhag ofn i chi gael sioc farwol. Ffronswâ, dyna be 'di 'i enw fo, Ffronswâ! Pa fath o enw twp ydi hwnna ar gi, deudwch? Mae'r creadur bach 'di cholli hi cyn dechra, yn tydi, efo enw fel'na!

Beth am y llall, meddech chi. Ia, wel, dwi'n dŵad ato fo rŵan. Boris ydi'r llall. Anferth o Doberman mawr du a brown. Does neb ohonan ni'n hoffi Boris. Hen fwli mawr ydi o, ac mae o wrth ei fodd yn tynnu ar yr hen Ffronswâ druan. 'Da chi'n gweld, er mwyn ypsetio Ffronswâ, mae Boris yn neidio i'w ardd o bob bora, ac yn gneud ei fusnes reit o flaen trwyn y pŵdl! Hyll, yntê? Ond ymlaen â ni efo'r stori.

Fel roeddan ni'n troi i mewn i'r stryd grand, dyma ni'n clywad Ffronswâ'n cyfarth, yr arwydd fod y syrcas ar fin dechra. Dyma ni'n carlamu at y giât, a'r tri ohonan ni'n gwthio'n trwynau rhwng y bariau, er mwyn gweld yn well.

Am olygfa! Roedd Boris yn cerdded o gwmpas y lawnt, ei drwyn i'r llawr, yn chwilio am y lle gorau, a Ffronswâ'n rhedeg cylchoedd o'i amgylch, ac yn cyfarth nerth ei ben. O ia, 'nes i anghofio deud wrtha chi. Nid colar blaen, daclus, fel chi a fi, sy gan Ffronswâ. O na! Mae o, pŵr dab, yn gorfod gwisgo un goch, lydan, yn llawn diemwntau llachar. Wedyn, fel petai hynny ddim yn ddigon, i goroni'r cyfan mae'n gorfod gwisgo rhuban coch wedi'i glymu am gudyn bach o wallt ar dop ei ben! Mae 'nghalon i'n gwaedu drosto fo!

"Ewch o'na, 'rhen sglyfath budr!" cyfarthodd Ffronswâ ar Boris. "Chewch chi ddim gwneud eich hen fusnes yn fan'na!"

"Rhaid i ti gyfadda," meddwn i'n ddistaw yng

nghlust Smwt, "fod yr hen Ffronswâ'n goblyn o ddewr, chwara teg iddo fo."

"Ydi, mwn," cytunodd Smwt. "Faswn i ddim yn meiddio deud faint sy tan Sul wrth y Boris 'na!"

Roedd Boris yn anwybyddu'r pŵdl yn bwrpasol, gan s'nhwyro yma ac acw.

"Ylwch," cyfarthodd Ffronswâ wedyn. "'Na i ddim gofyn eto. Wnewch chi adael yr ardd yma ar unwaith, plîs?"

"Caea hi, y pansi, neu mi wna i chdi fwyta'r rhuban coch 'na!" Cerddodd Boris at lwyn o goed rhosod, a s'nhwyro o'u cwmpas.

"Gadewch chi lonydd i'r rhosod 'na. Mae Mr a Mrs Dafis yn meddwl y byd ohonyn nhw!"

"Dos i ganu i dy nain, nei di? Ti'n dechra mynd ar fy nerfau i!" Aeth Boris ymlaen eto at goedan eirin, gan godi'i goes ar ei bonyn.

"O! Rhag eich cywilydd chi!" gwichiodd Ffronswâ. "Ewch o'ma, neu mi fydda i'n galw ar Mr a Mrs Dafis!"

"Chdi a dy Mr a Mrs Dafis! A be ti'n feddwl allan nhw neud i mi?"

"Mi neith Mr Dafis ddod allan efo brwsh llawr – a . . . a . . . *you'll be sorry* wedyn!"

"Oooooo! Ti'n codi ofn mawr arna," meddai Boris yn sbeitlyd. "Yli, mêt, fasa'r llinyn trôns yna ddim yn meiddio dod o fewn canllath i mi, brwsh llawr neu beidio. Dos o'n ffordd i, y cadi-ffan gwirion!"

Rhoddodd Boris hergwd i Ffronswâ druan efo'i bawen anfarth, nes bod y creadur bach yn powlio drosodd ar hyd y lawnt fel pêl dennis.

Ond chwara teg i'r hen Ffronswâ, roedd o ar ei draed mewn chwinciad chwannan, ac mi aeth o'n hollol honco balistig pan welodd o lle'r oedd Boris am fynd nesa.

"O, na! Gadewch chi lonydd i'r rheina! Peidiwch chi â meiddio maeddu'r rheina! Rheina ydi *pride and joy* Mrs Dafis! *O Mon Dieu! O sacré bleu!*"

Y 'rheina' oedd teulu bach o gorachod mewn capiau coch, cotiau glas a thrywsusau melyn. Mi roedd un yn dal gwialen bysgota dros y pwll pysgod, un arall yn ista ar gaws llyffant, a'r ola, yr un roedd Boris yn anelu amdano, yn gwthio berfa drwy wely blodau. Dechreuodd Boris droi mewn cylch, gan geisio anelu'i gynffon dros y ferfa.

"Gadewch chi lonydd i hwnna! Bilibob ydi ffefryn Mrs Dafis! O diar mi, o diar, be wna i ...!"

Roedd Ffronswâ erbyn hyn yn laddar o chwys, ac mi roeddwn inna'n dechra teimlo'n annifyr. Ddylwn i fynd i mewn i'w helpu fo? Ond roedd mwy o'r ddrama i ddod.

"Galw dy hun yn gi?" gwawdiodd Boris, gan ddechrau codi'i gefn mewn siap bwa. "Ti'n debycach i gadach llestri, y lliprun twp!"

"Mr Dafis! Mrs Dafis! Mr Dafis! Mrs Dafis!" sgrechiodd Fforнswâ. "*Au secours! Au secours*! Helpwch fi, plîs!"

Doeddwn i ddim yn siŵr os mai gofyn i mi am help oedd Ffronswâ, neu Mr a Mrs Dafis, ond cyn i mi allu penderfynu beth oedd orau i'w wneud, agorodd y drws ffrynt a daeth Mrs Dafis allan fel corwynt, efo brwsh llawr yn chwifio fel baner yn ei dwylo. Ar yr un eiliad, diflannodd Ffronswâ drwy'r drws agored, ei draed yn sgrialu i bob cyfeiriad wrth i'w ben-ôl daro'r rŷg bach ffansi ar y llawr caled, sgleiniog, llithrig, a dyma fo a'r rŷg yn saethu i ben draw'r cyntedd fel car sglefrio ar rew!

Efallai nad oedd gan Boris fawr o feddwl o **Mr** Dafis, ond pan welodd o **Mrs** Dafis yn anelu amdano efo'r brwsh, doedd o ddim am sefyll o gwmpas i ddadla! I ffwrdd â fo fel cath i gythraul, ei glustiau'n swatio yn ei ben, a phetasai ganddo fo gynffon ddigon hir, mi fasa hi rhwng 'i goesa fo! Gydag un naid anferthol, cliriodd y wal rhwng y ddau dŷ, a diflannu o'r golwg.

Roeddan ni'n tri yn rhowlio chwerthin erbyn hyn. Dwi'n deud wrtha chi, mae'n donic mynd i'r stryd yna bob bora. Mi allwch chi osod eich wats efo nhw. Anfon Geraint ac Emyr i'r ysgol, cerdded i nôl Smwt, ymlaen am y stryd grand, a dyna chi. Bob dydd, yn ddi-ffael. Yr unig beth sy'n newid ydi lle mae Boris yn penderfynu gneud ei fusnes!

Gan ddal i chwerthin, mi aethon ni yn ein blaenau am y coed.

Pennod 3

Pa bryd ydw i'n cael damwain, medda chi, a pha bryd ydw i am achub Geraint? Amynedd, gyfeillion bach, rhaid cael amynedd. Wedi'r cyfan, rhaid i mi gael deud fy stori yn fy ffordd fy hun, yn rhaid, neu fydd hi ddim yn stori sy'n perthyn i mi. Felly mi a' i 'mlaen efo digwyddiadau'r bore hwnnw.

Mae tipyn o waith cerdded i gyrraedd y coed o'r ysgol, ac mae 'na lawer o bethau da i'w gweld a'u gwneud ar y ffordd, pethau sy'n ein helpu ni i basio'r diwrnod mewn ffordd bleserus, llawn hwyl, nes ei bod hi'n amser mynd i nôl yr hogia o'r ysgol yn y pnawn. Dwi wedi deud wrthach chi am y cynta, sef Boris a Ffronswâ. Mae nifer o rai eraill hefyd, ac mi gewch chi hanes y lleill rŵan.

Beth sy'n digwydd nesa, fel arfer, ydi bod Smwt isio bwyd. Mae hanner awr reit dda wedi mynd heibio ers iddo gael ei frecwast, ac mae'n bryd iddo fo chwilio am snac bach. Mae 'na un lle da iawn am snac. Yn hwyr yn y nos, pan fyddwn ni'n ddiogel yn ein tai, bydd dwy-goes efo fan yn gwerthu sglodion ar ganol ein stad ni; bob bore wedyn, yn ddi-ffael, bydd sbarion pacedi o sglodion, neu fyrgyrs, neu bysgodyn, wedi eu taflu i'r gwter neu'r gwrychoedd cyfagos. Dyma nefoedd Smwt.

"Ffansi tamad, Gel?" medda fo.

A dweud y gwir, mi faswn i wedi gallu bwyta rhywbeth bach blasus fy hun, ond roedd un olwg ar wyneb Del yn ddigon i wneud i mi wrthod (edrychiad rhif dau, fyddai'n ddigon i doddi jeli). Roedd un ochr o'i gwefus wedi cyrlio i fyny, ac mi glywn hi'n deud "Py-lîs!!" dan ei hanadl.

"Na, dim diolch," atebais, "ond mi ddown ni efo chdi."

"Dan y fawd yn barod, 'rhen Gel?" meddai Smwt yn slei.

Cododd fy ngwrychyn i ar unwaith.

"Dim ffiars o berygg!" meddwn i'n uchel. "Mi fwyta i be fynna i!"

"Hy, cŵn!" medda Del.

Treuliodd Smwt a minna rhyw chwarter awr bach difyr yn actio fel hwfyrs, gan s'nhwyro a sglaffio bob tamaid o dysan a physgodyn a byrgyr oedd o fewn deg llath i safle'r fan fwyd. Roedd Del yn eistedd yn bell i ffwrdd, a'i chefn atom ni, yn smalio bach nad oedd hi ddim yn ein 'nabod ni. Un am feddwl yn hytrach na siarad ydi Del. Dyna pam nad oedd hi'n cega mwy arnon ni.

"'Sdim byd ar ôl i'r llygod mawr, rŵan!" medda Smwt yn hapus. "Dowch, hogia, 'mlaen â ni! Haia, Pero!" medda fo wedyn wrth i un arall o'n ffrindia ni – corgi bach – ddod i fyny a rhoi sws ar drwyn Del.

"Hei, cymera di ofal, mêt," chwyrnais arno fo, ond roeddwn i'n teimlo'n dipyn o ffŵl wedyn pan welais i Pero a Del yn chwerthin am fy mhen. Tynnu 'nghoes i oeddan nhw!

"Ar y ffordd i'r coed, hogia?" holodd Pero.

"Ia," atebais. "Ti'n dŵad?"

Felly roeddan ni'n bedwar wrth neud ein ffordd i fyny'r allt am y cae chwara. Roedd hi'n fwy gwyntog yn fan hyn, a dyma Del yn sylwi ar lein ddillad yn llawn sana a theits yn chwifio fel petha gwirion yn y gwynt. Mae hithau'n gallu bod yn un ddrwg, hefyd.

"Bet!" medda hi wrth Smwt a Pero. "Bet na

fedrwch chi'ch dau gyrraedd i fyny a dwyn pâr o deits oddi ar y lein."

"Gawn ni eu bwyta nhw wedyn?" gofynnodd Smwt yn obeithiol.

Smaliodd Del nad oedd hi wedi ei glywed.

"O ia?" heriodd Pero. "Ac os ydan ni'n gneud hynny, be 'da *chi'n* mynd i neud?"

"Mi wnawn ni sleifio i mewn i ardd Boris a dwyn ei bêl o!" medda hitha.

Syllais arni'n syn. Mynd i ardd Boris? Boris, o bawb, Boris y bwli? Dwyn ei bêl o? Oedd hi'n gall? Pam ei bod hi wedi agor ei cheg *rŵan*?

"Reit! Bet ymlaen," medda Pero cyn i mi gael cyfle i wneud fawr mwy na llyncu poer. A dyma'r ddau'n mynd ati i neidio nerth eu coesau bach byrion i fyny ac i lawr fel io-ios, eu dannedd yn clecian bob tro roeddan nhw'n ceisio dal un o'r dillada, ac yn methu. Roedd Del yn glana chwerthin, ac mi roedd hi'n olygfa ddigri, rhaid cyfadda.

Ond roedd hi hefyd yn edrych yn gêm dda, a dyma finna'n dechra neidio efo nhw, a chyn pen dim roedd y pedwar ohonon ni am y gora'n brathu am y teits. Wrth gwrs, roedd yn hawdd i Del a fi, efo'n coesau hirion. Mi roedd o'n deimlad

ardderchog wrth i'n dannedd gydio'n y defnydd tenau, a sŵn bendigedig wedyn wrth i'n dannedd rwygo drwy'r teits ar y ffordd i lawr. Roedd y sŵn yna'n ein gyrru'n wallgo, ac yn gwneud i ni neidio'n uwch ac uwch o hyd!

Wrth i Del a fi dynnu lawr ar y teits, roedd hi'n haws i Pero a Smwt allu cyrraedd, ac ar ôl sawl tro gwag, dyma dannedd Smwt yn cydio o'r diwadd. Ond o, dyna helbul! Roedd o'n methu eu cael nhw'n rhydd wedyn! A dyna lle'r oedd o'n hongian gerfydd ei ddannedd, ei bawennau bach yn cicio'n yr awyr, a'i gorff yn gwingo fel pysgodyn ar wialen bysgota.

Mi fasa wedi bod yna am byth tasa'r lein ddillad heb dorri. Glaniodd efo sgŵd go hegar nes i'r gwynt gael ei gnocio'n llwyr o'i gorff, a bu'n gorwedd yno am eiliad yn llowcio aer. Ond doedd wiw inni aros dim hirach, achos dyma sŵn cnoc yn dod o gyfeiriad ffenast y tŷ, a wynab dwy-goes yn bloeddio a chodi dwrn arnan ni.

Dyma ni'n rasio allan o'na – Smwt efo pâr o deits fel sgarff reit ddeniadol am ei wddw – ac i fyny'r allt nes cyrraedd y cae chwarae. Syth o dan y coed, a chuddio.

Pennod 4

Wrth orwedd dan y coed i gael ein gwynt atom, ein tafodau'n dawnsio fel cyrls ar jeli sy'n chwerthin, dyma Pero'n dweud,

"Reit, bois, beth am Boris? Dy dro di rŵan, Gel!"

"Eiliad fach, Pero, i Del gael ei hanadl yn ôl!"

Edrychodd Del yn hurt arna i. Hi oedd yn tuchan leiaf ohonan ni i gyd. Anwybyddais hi. A deud y gwir, Smwt druan oedd yn dioddef fwya. Roedd ei ochra fo'n crynu fel dwn i'm be.

"Ti'n iawn, Smwt?" holais. Ond roedd y creadur druan yn methu'n lân â f'ateb i, roedd o mor fyr o wynt.

"Ddylet ti golli pwysa, Smwt," medda Del, "dylet wir. Mi fydd dy iechyd di'n diodda, wyddost ti."

Llwyddodd Smwt i ddweud rhywbeth fel 'Ffwi!', ac fel petai'n ceisio profi rhywbeth, cododd ar ei draed a dechrau cerdded i lawr am yr afon. Eisiau cael diod, efallai. Gan fod pawb yn meddwl fod hynny'n syniad da, aethom ar ei ôl.

Bu bron i ni redeg i fyny cynffon Smwt wrth iddo stopio'n stond, a syllu i lawr at yr afon. Edrychais dros ei ysgwydd, a gweld fod dau dwy-goes ifanc yn plygu drosodd wrth ymyl glan yr afon, ac yn gwneud rhywbeth i'r ddaear. Roedd rhyw synnwyr yn dweud wrth bob un ohonon ni mai dwy-goesiaid peryglus oedd y rhain, felly mi gadwon ni'n hollol ddistaw, a suddo i lawr ar ein boliau ar y cwrlid o ddail crin a orchuddiai llawr y goedwig.

"Be maen nhw'n neud, ti'n meddwl?" sibrydais yng nghlust Del.

"Wn i ddim. Mae'n edrych fel petaen nhw'n claddu rhywbeth."

"Asgwrn?" meddai Smwt, gan ddechrau glafoerio.

Rhoddodd Del hergwd reit galed iddo efo'i thrwyn. Toc, sythodd y dwy-goesiaid, a cherdded i ffwrdd i fyny'r ochr yn ôl am y cae chwarae, a dyma ninnau'n symud ymlaen yn ofalus.

Yn syth am ddŵr yr afon yr aeth Del a Pero a minnau, ond mi wyddoch chi lle'r aeth Smwt, wrth gwrs? Ia, 'da chi'n iawn, am y lle'r oedd y dwy-goesiaid wedi bod yn claddu. Dechreuodd dyrchu'n wyllt efo'i ddwy bawen flaen, nes bod dail a phridd yn saethu allan am o leiaf hyd tri chi defaid rhwng ei goesau ôl.

"Hei, Smwt!" gwaeddais arno fo. "Paid â bod mor wirion! Tyrd i gael diod efo ni." Ond dal i dyrchu wnaeth Smwt.

"Mae 'na rywbeth yma!" galwodd. "Mi alla i ogleuo fo!"

Wn i ddim os mai clywed ein lleisiau ni wnaeth y dwy-goesiaid 'ta be, ond dyma nhw'n dod yn ôl i'r golwg o gyfeiriad y cae chwara, a phan welson nhw Smwt yn tyrchu, dyma nhw'n dechrau bloeddio a sgrechian arno fo. Dechreuon nhw redeg i lawr y llethr amdano fo, a dyma ninnau, fel un corff, yn rhedeg i amddiffyn Smwt rhagddyn nhw. Plygodd un i lawr, a chodi carreg, a'i thaflu atom ni.

"Oww-ww-ww!" gwaeddodd Del, wrth i'r garreg ei tharo ar ei chlust. "Oww-ww-ww!"

Aeth y byd yn goch. "Edrych ar ôl Del," chwyrnais ar Smwt, a dyma Pero a fi fel bwledi o wn i fyny'r bryn am y ddau dwy-goes, ein dannedd yn ysu am gael suddo i mewn i'w cnawd.

Wrth weld golwg mor ffyrnig ar ein wynebau ni, dychrynodd y dwy-goesiaid llwfr, a'i miglo hi o'na. Ar draws y cae chwara yr aethon nhw am eu bywydau, Pero a minnau wrth eu sodlau, a'n safnau'n clepian bob hyn a hyn wrth i ni geisio'u brathu. Ar draws y lôn fawr aethon nhw wedyn, finnau'n dynn wrth eu sodlau, wedi cael y blaen ar Pero wrth i'w goesau byrion ddechrau blino.

Rydw i'n cofio clywed sŵn corn pedair-olwyn yn bloeddio allan uwch fy mhen, a sgrech eu teiars yn diasbedain yn fy nghlustiau; roedd 'na fflach o goch ac yna clec ysgytwol, ofnadwy, a yrrodd saethiadau o boen i bob cwr o'm corff, a dyna'r cyfan. Aeth y byd yn ddu.

Pennod 5

Yr arogl ddeffrodd fi gynta. Arogl o lawenydd, o hapusrwydd tawel, sicr. Cosodd fy nhrwyn fel pluen ysgafn, a'm denu i agor fy llygaid. Edrychais o nghwmpas mewn syndod a pharchedig ofn. Roedd nifer fawr o wynebau'n edrych i lawr arna i, wynebau cŵn yn gwenu'n dirion. Ond doedd hi ddim yn hawdd eu gweld yn glir, gan fod rhyw heulwen niwlog yn creu golau tanbaid ac yn fy nallu.

Yna clywais y sŵn. Doedd o ddim yn sŵn uchel, mwy fel murmur o chwerthin tawel. Murmur fel miwsig ysgafn, melys, yn cael ei gario ar awel fwyn o bellter maith. Er na wyddwn ble'r oeddwn i, doedd gen i ddim ofn, ond yn rhyfeddach fyth, doedd gen i ddim poen. Codais ar fy nhraed, braidd yn simsan i ddechrau, ond wrth i bawb fy nghymeradwyo, a'm hannog efo'u cynffonnau, teimlais nerth yn dod i'm coesau.

Wrth i mi ddechrau cerdded, agorodd llwybr o 'mlaen, wrth i bawb gamu'n ôl i wneud lle i mi. Dilynais y llwybr yma, gan gerdded yn araf, ac edrych i fyny o'r naill ochor i'r llall mewn rhyfeddod ar yr wynebau caredig, hoffus o'm cwmpas, a'r cynffonnau'n chwifio'n hamddenol yn yr awel dirion. Trwy gydol yr amser, roeddwn yn ymwybodol o'r atsain chwerthin ysgafn, tawel, tangnefeddus yn bell ac eto'n agos, fel dal cragen wrth glust a chlywed sŵn y môr. Dim ond un peth oedd yn codi arswyd arna i: er fy mod i'n cael fy nghyfrif yn gi reit fawr ar ein stad ni, sylwais fod pob ci yma yn llawer, llawer mwy. Dim ots pa fath o gi oedd yna, o *chihuahua* i *St Bernard*, roeddwn i'n gorfod troi fy ngwddf i syllu i fyny arnyn nhw i gyd.

Gwelais fod y llwybr yn arwain tuag at lwyfan mawr yn y pellter, a'r niwl euraid yn chwyrlïo fel mwgwd ysgafn gan hanner ei guddio o'm golwg. Hoeliodd yr olygfa yma fy sylw, a syllais arno drwy gydol yr amser wedyn. Wrth agosáu, gallwn weld fod pob dim yn lliw'r heulwen, ond yn fwy na hynny, yn pefrio a disgleirio fel yr haul ei hun. Roedd tair gorsedd ar y llwyfan, tair cadair enfawr, a'r un yn y canol yn uwch na'r lleill.

Yn eistedd yn y cadeiriau roedd tri chi anferth, er bod gormod o niwl i mi allu eu gweld yn iawn.

Yn sydyn, pan oeddwn i rhyw bum lled ci defaid i ffwrdd, cliriodd y niwl, a chollais fy ngwynt mewn arswyd. Yno, ar yr orsedd ganol, eisteddai'r Ci mwyaf a welais erioed. Roedd sefyll o'i flaen yn gwneud i mi deimlo cymysgedd rhyfedd o hapusrwydd ac ofn. Côt yn sgleinio'n ddu, fel talpyn o lo newydd ei dorri, ac yn llyfn fel gwydr tywyll; wyneb main, urddasol, a dwy glust fawr yn pwyntio i'r awyr uwch ei ben, dwy glust a'r croen tu mewn yn disgleirio o aur. Roedd y clustiau fel coron ar ei ben.

Ond y llygaid oedd yn creu arswyd! Roeddan nhw'n hirfain, wedi'u hymylu ag aur, ac aeliau o aur trwchus ar y talcen. Ac roeddan nhw'n treiddio i enaid pob ci, gan weld y drwg a'r da ym mhob calon. Allwn i ddim edrych ym myw ei lygaid. Yn araf, gwyrais fy mhen nes i fy nhrwyn gyffwrdd fy mhawennau. Roedd yn rhaid dangos parch at hwn.

Ar ei ochr chwith eisteddai gast, ddim yn annhebyg i'r Ci canol. Ei wraig, mae'n siŵr. Yna, siaradodd y ci o'r gadair ar y dde. Edrychais arno drwy gil fy llygaid, a *gweld fi fy hun*! O leiaf, dyna beth a dybiais i ddechrau. Ond yna calliais, a gwyddwn mai Gelert oedd yno, Gelert y Cyntaf.

"Gelert," meddai wrtha i mewn llais caredig, tawel, "Gelert, edrych arna i."

Codais fy mhen yn araf. Ew, roedd o'n gi hardd!

"Croeso i Sirius, byd y cŵn."

Disgynnodd fy ngên o leiaf droedfedd tua'r llawr!

"Rwyt ti yma i gael ail gyfle," meddai wedyn, ei lais yn llym. "Ci bach digon gwirion wyt ti wedi bod hyd yma. Ci yn meddwl am ddim ond mwynhau ei hun a chwarae triciau ar ei ffrindiau." Gwyrais fy mhen mewn cywilydd. "Ond mae'n rhaid i bethau newid, Gelert." Safodd yn dawel am funud neu ddwy, gan edrych arnaf yn ddwys.

"Wyddost ti beth yw ystyr y geiriau – y marciau – ar yr arfbais? Na? Roeddwn i'n amau. Mae dwy-goesiaid yn gwneud y marciau yma er mwyn gallu siarad â'i gilydd heb fod wyneb yn wyneb, ffordd o anfon neges at ei gilydd. Geiriau Lladin ydy'r rhain, Gelert, ac ystyr y geiriau uchaf, *Semper Fidelis,* yw 'Ffyddlon am byth'. 'Ond gwyliwch rhag y ci' yw ystyr y geiriau ar y gwaelod, *sed cave canem.*" Anadlodd yn drwm cyn gofyn cwestiwn i mi. "A fyddi di'n helpu Geraint, Gelert?"

"Byddaf siŵr!" atebais innau, yn sicr o un peth o leiaf.

"Wel, mae amser yn dod pan fydd Geraint dy angen di fwy na neb yn y byd. Mae'n rhaid i ti aros yn ffyddlon iddo fo, dim ots beth sy'n digwydd. Mae amser o dristwch mawr o'i flaen, ac mae'n rhaid i ti fod yna i'w achub, fel yr achubais i blentyn y Tywysog. Rhaid i ti ddysgu rhoi anghenion Geraint o flaen dy hwyl a dy bleser dy hun. Mae'n rhaid i ti fod yn barod i aberthu dy fywyd er ei fwyn ef. Wyt ti'n deall?"

Aeth fy mhen i fyny ac i lawr yn awyddus, er nad oeddwn i'n deall yn iawn beth oedd o'n ei feddwl. Mi faswn i wedi gwneud unrhyw beth i wneud i Gelert y Cyntaf deimlo'n falch ohona i! Ac, wrth gwrs, unrhyw beth i Geraint, fy ffrind gorau'n yr holl fyd.

"Da, gi bach," meddai wedyn. "Cofia fod yn rhaid i ti ddangos dy gariad at Geraint yn fwy nag erioed. Bydd yn gysur iddo pan mae'n ddigalon. Rho gymorth iddo yn y dyddiau du sydd i ddod. Ac yn awr, tyrd ymlaen, er mwyn i Anubis, ein brenin, gael dy fendithio."

Wrth i mi gymryd dau gam araf ymlaen, siaradodd y ci ar yr ochr dde â mi.

"Gair bach o gyngor, Gelert," medda hi yn y llais mwynaf, mwyaf swynol y gallech chi fyth ei ddychmygu. "Paid byth â rhedeg i ganol y ffordd o flaen car eto! Dim ond saith bywyd sydd gan gi, wsti, nid naw fel cathod."

Teimlais don o swildod a chywilydd yn golchi drosof.

Cododd y Ci Anubis oddi ar ei orsedd ar ganol

y llwyfan, a cherdded ataf. Gwyrais fy mhen mor isel ag y gallwn unwaith eto. Cododd ei bawen hirfain, gyda'r ewinedd euraidd, a chyffwrdd fy mhen yn ysgafn.

O! mor felys oedd y cyffyrddiad yna! Caeais fy llygaid mewn llawenydd pur, a syrthio mewn trwmgwsg i'r llawr.

Pennod 6

Alla i ddim disgrifio i chi pa mor ofnadwy roeddwn i'n teimlo pan agorais fy llygaid drachefn; roedd pob asgwrn, pob cyhyr yn fy nghorff yn brifo. Roeddwn i'n gorwedd ar fwrdd rwber, du, a wynebau Geraint a Dad ychydig fodfeddi uwch fy mhen. Sylwais fod dŵr yn rhedeg o lygaid Geraint. Roeddwn i eisiau llyfu'r dŵr yma oddi ar ei wyneb, i ddangos nad oedd yn rhaid iddo boeni, ond roedd yr ymdrech i godi 'mhen yn ormod i mi. Suddais yn ôl i orwedd ar y bwrdd, er bod arogleuon coed pinwydd, pî-pî ac ofn yn ddigon i wneud ci yn sâl. Daeth wyneb dwy-goes mewn côt wen i'r golwg, a gwthiodd nodwydd anferth i 'ngwar i. Roeddwn i'n teimlo'n rhy giami i'w frathu.

Mi glywais o'n deud fy mod i'n gi lwcus iawn, dim asgwrn wedi torri, nac unrhyw anaf arall chwaith. Roeddan nhw'n gorfod fy nghadw i'n dawel am ddiwrnod neu ddau, rhoi bwyd ysgafn, maethlon fel cyw iâr i mi, dim rhedeg o gwmpas, a dod â fi'n ôl os nad oeddwn i'n gwella.

Cefais fy ngharió adref gan Dad, a Geraint yn rhedeg wrth ei ochr yn rhoi "o bach" i 'mhen i. Mi roedd pawb yn ffeind iawn, chwara teg iddyn nhw, ond doedd fawr o hwyl arna i, a deud y gwir. Roedd fy mhen yn curo fel gordd, a'm stumog yn troi fel menyn mewn corddwr. Cefais hyd yn oed gynnig tamaid o gyw iâr i swper gan Mam, pryd o fwyd y baswn i'n fodlon lladd amdano fel arfer. Ond wyddoch chi be? Allwn i 'mo'i gyffwrdd – dyna pa mor wael roeddwn i'n teimlo!

A minnau'n hofran yn niwlog 'nôl a 'mlaen rhwng Sirius a'r gegin – ac yn ysu am gael aros ym murmur cysurlon, di-boen byd y cŵn, i fod yn gwbwl onast efo chi – dechreuais ddod yn ymwybodol bod rhywbeth o'i le. Rhyw deimlad od, annifyr, fel pan mae rhywun yn mwytho fy mlew o chwith.

Clindarddach sosbenni yn y sinc wrth i Mam eu waldio'n llawdrwm yn ei thymer a'm llusgodd am y tro olaf o'm gwynfyd ar Sirius a'm hoelio'n ddiamheuol yn ôl yn y gegin. Hynny a lleisiau Mam a Dad yn chwyrnu a 'sgyrnygu ar ei gilydd yn waeth nag unrhyw gi a chath. Agorais fy llygaid a syllu arnyn nhw'n syn nes i mi deimlo rhywbeth yn tynnu'n hegar ar flew f'ystlys. Llaw Geraint oedd yna, y bysedd yn cordeddu'n dynn yn y blew nes bod ei figyrnau'n sefyll allan fel marblis gwynion. Roeddwn i ar fin rhoi pwniad bach iddo i roi'r gorau iddi pan sylwais ar ei wyneb. Roedd y dŵr yn rhedeg o'i lygaid unwaith eto, ond nid ar fy nghownt i y tro hwn. Roedd ei sylw wedi'i hoelio ar Mam a Dad, a'r geiriau roeddan nhw'n eu taflu at ei gilydd. Geiriau cas yn chwipio a rhwygo'n fwy creulon nag ewinedd miniog Pwdin, y gath drws nesa, wrth ladd llygoden. Ond yn waeth fyth, teimlais eu geiriau'n rhwygo calon Geraint.

Dechreuodd Mam sgrechian ar Dad, a gwasgodd Geraint fy mlew yn galetach nag erioed nes gwneud i mi nadu mewn poen. Ni sylwodd Mam a Dad arna i, ond edrychodd Geraint i lawr yn syn, fel petai newydd ddeffro o hunllef. Agorodd ei fysedd yn syth, a rhyddhau'r blew.

"Tyrd, Gel bach," medda fo wrtha i'n dawel yn fy nghlust. A dyma ni'n dau yn cripian i ffwrdd yn ddistaw, ddistaw bach allan o'r gegin ac i fyny'r grisiau i stafell wely Geraint. Er, tasa chi'n gofyn i mi, mi fasan ni wedi gallu gwneud mwy o dwrw na band Llanrug, ac ni fasai Mam a Dad wedi bod fymryn callach.

Ar wely Geraint y treuliais i weddill y noson, am y tro cyntaf erioed yn fy mywyd, a Geraint efo'i fraich amdana i. Fel arfer, rydw i'n gorfod cysgu ar fy mhen fy hun bach yn y gegin a Pwdin, y gath drws nesa, yn stwffio'i hen wep hyll yn erbyn y ffenast a thynnu 'stumiau arna i.

Mi fuo'r ddau ohonan ni'n gwrando a gwrando ar y storm i lawr grisiau, a Geraint yn fy ngwasgu bob tro roedd y lleisiau'n troi'n wichiadau treiddgar oedd yn brifo fy nghlustiau.

Doedd dim tewi arnyn nhw'r noson honno, gwaetha'r modd. Pan glywson ni sŵn gwydr yn malu'n deilchion yn erbyn wal, mi fu bron i'r ddau ohonan ni neidio allan o'n crwyn cyn swatio'n agosach fyth at ein gilydd.

Wyddoch chi ein bod ni'r cŵn yn gallu gweld anhapusrwydd? Rydan ni'n gallu gweld gwylltineb hefyd – lliw gwaed yn byrlymu o friw ydi o. Lliw blodau wedi gwywo ydi lliw tristwch. Roedd tonnau ohono fo'n ffrydio allan o Geraint, fel y cylchoedd sy'n lledaenu ar wyneb llyn wedi i chi daflu carreg i'r dŵr. Roedd fy nhafod i'n gweithio mor galed yn sychu'r dŵr a ddiferai o'i lygaid nes i mi ofni y byddai'n gwisgo'n dyllau, ac wedyn mi faswn i'n methu bwyta, na chyfarth, na glanhau fy hun.

Ond ymhen hir a hwyr, er gwaetha'r cyfan, fe syrthiodd Geraint i gysgu. Biti garw na faswn innau'n gallu gwneud yr un peth, ond doedd hi ddim i fod. Wedi'r cwbwl, ro'n i wedi cael coblyn o ddiwrnod, doeddwn? Anodd credu'r holl bethau oedd wedi digwydd i mi, yn tydi? Bron nad oeddwn i wedi anghofio am y boen yn fy nghorff, ond rŵan, wedi cael Geraint i ymlacio a chysgu, ro'n i'n ymwybodol ohono fo unwaith eto. Cefais amser i bendroni dros bethau hefyd. Lliw'r haul yn machlud ydi hiraeth, a dyna'r lliw oedd o 'nghwmpas i wrth feddwl am Gelert, ac Anubis, a holl gŵn Sirius. Ew, wna i fyth anghofio'r murmur chwerthin yna. Mi fydd yn aros efo fi am weddill fy oes, yn gysur pan fydd pethau'n edrych yn ddu.

Diolch i'r drefn na wnaeth twrw'r drws ffrynt yn clepian fel taran ddeffro Geraint. Mi ddychrynodd fi o'm synfyfyrio, beth bynnag. O leiaf roedd y tŷ'n ddistaw ar ôl hynny. Cofiais eiriau Gelert, a sylweddoli'n syth beth roedd o wedi ceisio'i ddweud wrtha i. Roedd o'n gwybod fod hyn yn mynd i ddigwydd! Roedd o wedi ceisio fy rhybuddio i! Dyma beth oedd o'n ei feddwl, yntê, wrth sôn am Geraint yn drist ac angen pob tamaid o gysur y gallwn i ei roi iddo!

Wel, faswn i byth yn siomi Gelert na Geraint, roeddwn i'n bendant o hynny. Dyma fi'n gwneud adduned i mi fy hun i wneud pob dim posib i wella bywyd Geraint. Diolch i'r drefn na wnaeth o ddeffro i glywed sŵn dŵr yn dod o lygaid ei fam yn y stafell wely drws nesa.

Pennod 7

Dal i gysgu oedd Geraint pan ddeffrais i fore trannoeth, er ei bod hi'n ddiwrnod o wyliau. Rhoddais bwniad ysgafn i'w law o, heb unrhyw effaith o gwbwl, felly dyma fi'n gwthio fy nhrwyn yn erbyn ei glust a deud wrtho fo am ddeffro. Mi weithiodd hynny, ac agorodd Geraint ei lygaid. Ro'n i'n falch ofnadwy, achos ro'n i bron â marw isio mynd allan i'r ardd gefn.

Dyna un gŵyn fawr s'gen i yn erbyn dwy-goesiaid. Mae ganddyn *nhw* stafell fach yn y tŷ lle maen nhw'n gallu mynd yn breifat, yn sych a chlyd ym mhob tywydd. Ond dydyn nhw ddim yn cysidro cynnig yr un cyfleusterau i ni'r cŵn, o na! Dwi'n cofio rhyw fore pan oeddwn i'n gi bach, bach, a newydd ddod i fyw at Geraint. Mi ges i alwad natur, felly agorodd Geraint y drws cefn i mi. Ond roedd hi'n dymchwal y glaw, felly dyma fi'n chwilio am ryw gornel fach dywyll, gan feddwl gwneud y lle 'run fath â stafell fach y dwy-goesiaid. Wel, welsoch chi 'rioed y fath helbul! Mam yn sgrechian a chodi cymaint o ofn arna i nes i ragor o ddŵr ddod allan ar fy ngwaetha i, ac wedyn Dad yn gafael yn fy ngwar i – a dim fel tasa fo'n gafael mewn tysan boeth, coeliwch chi fi – a rhwbio 'nhrwyn i ynddo fo. Allwch chi ddychmygu'r fath fochyndra? Ych a fi! Mi fydda i'n meddwl weithia fod gan y dwy-goesiaid syniadau digon rhyfedd am lanweithdra! Ta waeth, mi fydda i wedi colli pen y stori os a' i ymlaen fel hyn.

Yn y gegin, roedd Mam yn siarad efo ffon fer sy'n edrych fel tamaid o asgwrn gwyn, ond dim dyna beth ydio, achos mi geisiais i ei gnoi o un tro. Roedd hi'n dal un pen wrth ei chlust ac yn siarad efo'r pen arall. Rydw i wedi sylwi fod dwy-goesiaid yn hoff iawn, iawn o wneud hyn, yn enwedig Eifion a Mair. Maen nhw'n gallu siarad efo'r peth am oriau ac oriau. Alla i ddim dychmygu unrhyw beth mwy diflas, allwch chi? Siarad a chwerthin a sibrwd a gwrando'n union fel petai'r peth yn siarad yn ôl efo nhw!

Ew, maddeuwch i mi! Mae'n rhaid 'mod i'n dal i ddioddef o effaith y ddamwain – mae fy meddwl i'n crwydro i bob man! I dorri stori hir yn fyr, mi ddwedodd Mam wrth Geraint a fi, ar ôl iddi roi'r peth gwyn i lawr, ein bod ni'n cael mynd i aros at Emyr a Del. "Hip, hip hwrê!" meddai Geraint a fi.

Roeddwn i wedi gwirioni'n lân pan ddangosodd dwy-goesiaid Emyr lle roeddan ni'n mynd i gysgu'r noson honno. Gwely wrth ochor un Emyr ar gyfer Geraint, a rhyw fath o glustog anferth – 'dŵ-fê' oedd y dwy-goesiaid yn ei alw – ar y llawr i mi. Roeddwn i'n cael breuddwydion melys am Del yn gorwedd wrth f'ochr pan ddeudodd hi'n ddigon swta ei bod hi *bob amser* yn cysgu ar y gwely efo Emyr. Dydio ddim yn deg, nag ydi?

Diwrnod digon tawel gawson ni, gan fod glaw mân yn disgyn drwy'r dydd. Ond mi roedd hynny'n fy siwtio i'n iawn, achos doeddwn i ddim yn teimlo gant y cant. Effaith y ddamwain yn dal yn gryf arna i, mwy na thebyg. Erbyn diwedd y pnawn, fodd bynnag, roedd yna awyr las eto, a mam Emyr yn ein gyrru allan i chwara – wedi cael digon arnan ni dan ei thraed hi, medda hi.

Dychmygwch sut roeddwn i'n teimlo pan roddodd Geraint fi ar dennyn. Fi, brenin y strydoedd, yn sownd ar damaid o raff! Roedd gen i gymaint o gywilydd nes fy mod i ofn am fy mywyd i'r cŵn eraill fy ngweld i. Ond roedd Del yn ffeind iawn, chwara teg iddi. Mi arhosodd hi'n dynn wrth f'ochor fel nad oedd y tennyn yn amlwg iawn.

Mi roedd yna un fantais o fod yn sownd, fodd bynnag. Roeddwn i'n gallu dewis pa ffordd i fynd drwy dynnu Geraint ar fy ôl! Mi rydw i'n llawer cryfach na fo, ac roedd gen i awydd gweld y llecyn yna wrth yr afon unwaith eto – wyddoch chi, lle roedd Smwt wedi bod yn tyrchu, lle cychwynnodd ein helyntion i gyd.

Del drawodd ar y trywydd gynta, a dyma hi lawr y llwybr drwy'r coed ar ras am yr afon, ac Emyr yn galw'n ofer arni hi. Dyma finna ar ei hôl hi fel cath i gythraul nes bod Geraint druan yn gorfod dilyn ei fraich ar garlam ar f'ôl i. Teimlais y tennyn yn llacio'n sydyn, ond wnes i ddim arafu nes cyrraedd ochr Del. Wedyn y dywedodd hi wrtha i fod Geraint wedi baglu ar draws gwreiddyn coeden ac wedi syrthio'n glewt yn y mwd.

Ta waeth, doedd gen i fawr o 'fynedd rhoi sylw iddo am fod mor dwp achos roeddwn i wedi cael sniffiad o'r arogl hwnnw gafodd Smwt y diwrnod cynt. Yn union fel Smwt, dyma fi'n dechrau tyrchu, a daeth Del i'm helpu nes bod pridd a mwd yn tasgu i bobman.

Efallai fod trwynau'r hogia wedi cael rhyw chwiff fach o'r un arogl, er mai pethau gwael iawn yw trwynau dwy-goesiaid o'u cymharu â'n trwynau ni'r cŵn, achos daeth Geraint ac Emyr i weld beth oedd yn digwydd. Cyn pen dim, dyma fi'n teimlo bag meddal dan fy nhrwyn, ac o hwnnw roedd yr arogl yn dod. Gan ei ddal rhwng fy ngwefusau fel petai'n wy bregus, codais ef yn ofalus allan o'r twll a'i osod wrth draed Geraint.

Bag di-liw oedd o, efo rhyw bowdwr gwyn tu mewn. Beth bynnag oedd o, roedd Geraint ac Emyr wedi cynhyrfu'n lân, ac yn sôn am fynd i chwilio am Mistar Huws, eu prifathro, neu rywbeth o'r enw 'heddlu'. Beth bynnag, roedd y ddau'n gwneud ffŷs fawr ohonan ni ac yn ein galw'n gŵn clyfar. Wel, roeddan ni'n gwbod hynny'n barod, 'toeddan? Dyna pam, mwy na thebyg, na wnaeth neb glywed sŵn traed y ddau ddwy-goes anferth ddaeth i'r golwg tu ôl i ni a chipio'r bag o law Geraint, cyn gafael ynddo fo ac Emyr a'u cario nhw i ffwrdd dan eu breichiau, er iddyn nhw weiddi a bloeddio am help.

Wir yr, ar fy llw, cris-croes tân poeth, mi wnes i geisio'u hamddiffyn nhw. Roedd Del a finna fel bleiddiaid yn brathu sodla'r dwy-goesiaid hyll, yn rhwygo drwy ddefnydd eu trywsusau nes blasu'r cnawd oddi tano, ac rydw i'n sicr i ni dynnu gwaed mewn sawl lle. Ond dyma 'na gic hegar gan un ohonyn nhw'n fy nal i ar fy mhen nes i mi hedfan a bron cyrraedd yn ôl i fyd Sirius.

Fe'm lloriodd yn llwyr, a'r poenau'n ailgydio ynof i yn y ffordd fwyaf ofnadwy. Allwn i wneud dim rhagor. Yr olygfa olaf welais i cyn llewygu oedd y dwy-goesiaid anferth yn cerdded i lawr hyd at lannau'r afon, Geraint ac Emyr yn sacha blêr dros eu hysgwyddau ac yn cicio'r awyr gyda'u traed a'u coesau, a Del, Del o bawb, yn fy ngadael yn fy ngwendid, heb boeni am eiliad am fy nghyflwr, heb edrych yn ôl unwaith i'm hymgeleddu!

Pennod 8

Roedd y munudau nesaf yn echrydus. Fi, mor wan â chath fach, yn gorwedd yno fel carped blewog, a phawb arall wedi diflannu. A'r syniadau hunllefus gefais i! Methiant llwyr, dyna beth oeddwn i. Methu amddiffyn Geraint ac Emyr, methu stopio'r dynion, methu pob dim, ac ar ben hynny, Del, o bawb, wedi troi cefn arna i.

Wn i ddim faint o amser aeth heibio, ond mae'n rhaid 'mod i wedi cau fy llygaid, achos y peth nesa ddigwyddodd oedd Del yn fy llyfu a'm pwnio'n ysgafn.

"Gel, Gel, deffra! Ti'n iawn, boi?"

Agorais fy llygaid a gweld y fath olwg o dynerwch a phryder ar ei hwyneb hi nes i'm calon droi'n ddŵr.

"Del! Del fach, mi ddoist ti'n ôl! O, ngharaid bach i!"

Diflannodd y tynerwch yn syth – dydi hi ddim

yn hoffi rhyw 'gyboli sentimental', chwedl hitha.

"Be haru ti, dŵad?" meddai'n swta. "Tyrd, cwyd ar dy draed. Mae 'na waith i'w wneud."

Digon simsan oedd fy nghamau cynta i, ond yn fuan iawn wedyn fe ddechreuodd y byd arafu o fod yn chwrligwgan, ac ro'n i'n falch iawn pan arhosodd pob dim yn ei unfan o'r diwedd.

"Lle 'da ni'n mynd?" holais toc.

"Mi ddilynais nhw i lawr yr afon, ond wedyn dyma un dwy-goes yn taflu cerrig ata i."

"Wnest ti frifo?" Ew, allwn i ddim madda i mi fy hun tasa rhywbeth wedi digwydd iddi.

"Naddo siŵr! Ond roedd o'n taflu'r cerrig efo'r fath nerth nes eu bod yn gwneud tyllau ym moncyffion y coed, felly mi es i guddio. Y trwbwl ydi rŵan fy mod i wedi'u colli nhw."

"Dim problem," medda finna. "Mi allwn ni s'nhwyro'r ffordd aethon nhw."

Y canlyniad oedd i ni gyrraedd at hen adeilad yn y gwaith brics, a hwnnw wedi'i gau ers talwm iawn. Dyma ni'n syrthio ar ein boliau yng nghysgod llwyni coed ychydig oddi wrth yr adeilad i gysidro'r sefyllfa. Roeddan ni'n bendant, o'r arogleuon, fod Geraint ac Emyr tu fewn, ond sut oedden ni'n mynd i'w cael nhw allan?

Heb siw na miw, dyma ni'n gwylio'r adeilad fel cath yn gwylio llygoden cyn gwneud y naid gyntaf. Roedd pobman fel y bedd, a dim hanes o'r un enaid byw yn unman.

"Ti'n meddwl ei bod hi'n saff mynd yn agosach?" sibrydais yng nghlust Del. Nodiodd ei phen mewn ateb, felly dyma ni'n cropian ymlaen yn wyliadwrus iawn, y ddau ohonan ni yn osgo'r ci defaid, ein boliau'n sgubo'r llawr. Unwaith rownd yr adeilad i gyd, a phobman yn hollol ddistaw. Yn ôl wrth y drws, roedd fy nhrwyn i'n cosi fel taswn i'n arogleuo pupur.

Wyddoch chi ein bod ni'r cŵn yn gallu creu darluniau efo'n trwynau? Wrth y drws roeddwn i'n cael cip ar luniau o bob math: lluniau oedd yn croes-ddeud ei gilydd, lluniau aneglur, rhith o luniau oedd yn drysu fy meddwl. Llun o heulwen crasboeth a llwch, llun gwyrddni llaith a phydredd a nadroedd, llun awel oer o goed pinwydd uchel, uchel ar lethrau mynyddoedd llawn eira. Roeddwn i hyd yn oed yn cael darlun o becyn o sglodion efo sôs melynfrown, blasus, poeth wedi'i dywallt drostynt. Rhyfedd, yntê?

"Wyt ti'n siŵr eu bod nhw yma?" holais yn amheus, wedi drysu efo'r holl arogleuon.

Roeddwn i wedi disgwyl clywed Geraint neu Emyr yn bloeddio am help, a deud y gwir. Cefais edrychiad gan Del fel ateb (edrychiad rhif chwech, fyddai'n ddigon i ferwi'r dŵr yn fy mhowlen ddiod), i ddangos yn eglur fy mod i'n ffŵl i amau'r peth.

Dau ddrws oedd yna, un wedi'i hoelio â darn anferth o fetel na allwn ni byth ei agor. Roedd mwy o obaith efo'r llall, meddyliais. Drws pren oedd o, a'r paent wedi hen blicio i ffwrdd. Ond er i'r ddau ohonan ni grafu a chrafu nes bod rhychau mawr yn ymddangos yn y pren, symudodd y drws 'mo'r mymryn lleiaf.

"Be wnawn ni rŵan?" medda fi wrth Del.

"Hmm," atebodd hithau, cyn cychwyn ar gylch arall o'r lle. Pan ddaeth yn ôl ata i, dywedodd, "Yr unig agoriad alla i weld ydi'r beipen glai acw sy'n dod allan o'r wal."

Pwyntiodd ei thrwyn at gornel yr adeilad ac mi es i draw i gael golwg. Roedd yn lletach na 'mhen i, ar lefel fy ysgwydd, ond yn hir. Allwn i ddim gweld ei phen hi gan fod tro ynddi rhyw hanner lled ci defaid o'i chychwyn. Gwthiais fy mhen i mewn i edrych faswn i'n gallu stwffio trwodd, ond doedd dim lle i mi allu dod â'm pawennau 'mlaen i symud. Tynnais fy mhen allan.

"'Rydan ni'n rhy fawr i allu mynd mewn ffordd yna," medda fi.

"Smwt," medda hithau.

"Be?" medda fi'n hurt. Mi ddeudais i wrthoch chi ei bod hi'n meddwl mwy na mae hi'n ei ddweud, yn do?

"Smwt. Fo ydi'r lleia ohonan ni. Mi ddylai fod yn ddigon bach – gobeithio – i allu mynd i mewn. Rhaid i ni ei gael o yma."

"A Pero hefyd." Doeddwn i ddim am adael iddi hi gael y syniadau i gyd. "Ty'd, mi awn ni i nôl y ddau ohonyn nhw."

Daethom o hyd i Pero ar unwaith yn ei ardd. Ond roedd dod o hyd i Smwt yn stori arall. Cyn cyrraedd ei dŷ, roeddan ni'n gallu clywed ei ddwy-goes yn galw amdano, ac wrth farnu o dôn ei lais, roedd wedi bod yn galw am beth amser, a heb gael unrhyw lwyddiant.

"Well i ni gadw'n glir," medda fi. "Mae o'n swnio'n flin fel cacwn."

"Ble'r awn ni i chwilio, 'ta?" holodd Pero.

Pendronais am funud cyn ateb.

"Gwell i ni wahanu," medda fi o'r diwedd.

"Del, dos di am y siop sglodion, a Pero, dos di am siop y bwtsiar, ac mi a' innau am y becws."

Roeddwn yn gwybod o brofiad fod Smwt yn hoff iawn o'r becws, gan fod y dwy-goes yno'n greadur ffeind tu hwnt, ac yn debygol o roi beth bynnag oedd ar ôl ar y silffoedd y diwrnod hwnnw i Smwt.

Cefais gyfle i feddwl wrth chwilio amdano. Beth oedd y ffordd orau i achub Geraint ac Emyr? Beth fyddai Gelert yn debygol o'i wneud pe bai o yn yr un sefyllfa? Wrth feddwl amdano fo fe ddaeth llygedyn bach o syniad i oleuo'r tywyllwch. Cofiais fel roedd o wedi sôn am y marciau ar ein harfbais. 'Geiriau' oeddan nhw, medda fo. Efo'r rhain roedd y dwy-goesiaid yn siarad efo'i gilydd pan nad oeddan nhw'n yr un lle.

Erbyn cysidro'r peth, roeddwn i'n aml iawn wedi gweld Geraint yn defnyddio rhyw ffon fain i wneud y marciau – geiriau – yma ar bapur. Ac mi roedd yna beth wmbredd o'r ddau yn ei stafell wely o. Beth petawn i'n mynd i nôl rhai, a mynd â nhw at Geraint? Wedyn mi fasa fo'n gallu gwneud marciau – daria waith, geiriau! – i gael help Mam a Dad. Mi fasa Smwt yn gallu mynd â nhw i mewn ac allan drwy'r beipen glai. Syniad gwych, yntê? Dwi'n deud wrthach chi, ci clyfar iawn ydi Gel.

Fel y tybiais, tu allan i'r becws oedd Smwt. Erbyn i mi ddod o hyd iddo fo, roedd Del a Pero wedi cyrraedd hefyd, wedi cael cawell yn y siop sglodion a'r bwtsiar. Unwaith roeddan ni gyda'n gilydd, dyma fi'n egluro'r sefyllfa, ac yna'n datgelu fy nghynllwyn cyfrwys.

Wedi i mi orffen, edrychodd Del yn feddylgar ar Smwt, a chymryd gymaint o amser wrth wneud hynny nes i'r creadur druan ddechrau gwingo'n anghysurus, ac amau fod hen ogla drwg arno'i hun.

"Wyt ti'n siŵr yr aiff Smwt drwy'r beipen glai?" gofynnodd Del o'r diwedd, ei llais yn amheus.

Bwrais olwg dros ei gorff, ac mae'n rhaid i mi gyfaddef fod amheuon cryf yn codi i'm meddwl innau. Roeddwn i'n siŵr nad oedd o mor dew â hyn ddoe. Fel petai'n darllen fy meddwl, chwyrnodd Smwt yn anniddig:

"Olreit, olreit!" meddai'n flin. "Peth hyll ydi syllu ar gi fel'na, 'chi. Sgen i 'mo'r help fod y becar yn greadur caredig, nagoes? Dwy-goes sy'n adnabod ci mewn angen ydi o, ac yn fodlon rhannu'n hael."

Rhoddodd Del edrychiad rhif 5 iddo (yr un sy'n troi llefrith yn gaws), cyn gofyn, mewn llais ofnadwy, "Faint yn union wyt ti wedi'i fwyta?"

Roedd hyd yn oed Smwt yn gwingo dan yr edrychiad yna. Smwt ydi'r ci mwyaf wyneb-galed rydw i wedi ei gyfarfod 'rioed, er bod dwy-goesiaid fel arfer yn gwirioni'u pennau efo fo a'i ddandwn fel babi bach. 'Chydig maen nhw'n ei wybod . . .

"Wel," meddai, gan edrych yn anniddig. "Mae hi'n ddiwrnod cau y becws fory, yn tydi? A doedd o ddim am wastraffu bwyd da . . ."

"Faint, Smwt?" ailadroddodd Del, a'r tro yma roedd y rhew yn ei llais yn ddigon i fferru arth wen. Edrychodd Smwt i bob man ond ar Del.

"Wel," medda fo wedyn. "Mi roedd yna dorth frown a thorth wen, a phastai tatws a chaws, a thair pastai cig mochyn . . ."

"*Tair?*" medda finnau, wedi cryn synnu er 'mod i'n adnabod yr hen Smwt yn reit dda.

"Wel, rhai bach, bach oeddan nhw," atebodd yn amddiffynnol.

"Rhywbeth arall?"

Cododd Smwt ei ysgwyddau i geisio rhoi'r argraff i ni nad oedd y 'rhywbeth arall' yn fawr o ddim byd.

"Wel, mi roedd 'na hanner dwsin o ddônyts jam i bwdin."

"***Be???***" Roeddwn i'n gweld fod Del yn berwi drosodd, felly dyma fi'n torri ar draws yn sydyn.

"Ylwch, allwn ni ddim gwastraffu mwy o amser yn trafod archwaeth cŵn barus. Mae Geraint ac Emyr ein hangen ni."

"Ond mi rwyt ti'n sylweddoli, mae'n siŵr, na fydd dy gynllun di'n gweithio rŵan, yn dwyt?"

meddai Del. Yn anffodus, roedd hi'n iawn. Yn ôl pob tebyg, roedd bol Smwt yn lletach na cheg y beipen.

"Be wnawn ni rŵan?" gofynnodd Pero.

Mewn argyfwng y bydd fy meddwl i'n gweithio ar ei orau. Yn gyflymach na chwinciad chwannan, roedd yr ateb gen i.

"Ffronswâ," medda fi. "Ffronswâ ydi'r ateb. Mae o'n ddigon main i fynd drwy unrhyw beipen."

"Wyt ti'n meddwl y bydd o'n fodlon helpu?" meddai Smwt yn amheus. "Tipyn o gadi-ffan ydi o wedi'r cyfan."

"'Da ni fawr gwaeth â gofyn," atebais innau. "Dowch! Mi a' i i ofyn iddo fo, a nôl y papur ac ati, os ewch chi i'r gwaith brics i gadw llygad ar bethau."

Pennod 9

Gan redeg yn gynt na chadno efo cŵn wrth ei gynffon, mi gefais afael ar y pethau o stafell Geraint. Roedd Mair yn y gegin pan gyrhaeddais i'r drws cefn, a gadawodd fi i mewn ac allan heb strach. Os oedd hi'n synnu fy ngweld i yno ar fy mhen fy hun, ddywedodd hi ddim byd. 'Da chi'n gweld, mae Mair wastad yn gwisgo rhywbeth du, tebyg i hanner colar, efo cortyn yn rhedeg i lawr i focs bach du mae hi'n ei gario o gwmpas y lle. Ond yn lle ei wisgo am ei gwddf, mae hi'n ei wisgo dros ei chlustiau fel nad ydi hi'n clywed yr un gair mae Mam neu Dad yn ei ddweud wrthi hi.

Rydw i wedi sylwi sawl tro o'r blaen fod gwisgo'r peth yma yn cael effaith od iawn ar Mair. Mae ei llygaid yn syllu fel pen pennog, a'i cheg yn agor a chau fel pysgodyn aur, ac mae ei chorff hi'n 'sgytian i gyd fel tasa rhyw glwy ofnadwy arni hi. Sut alla i ddisgrifio'r peth i chi, deudwch? Mae ei phen hi'n hercian yn ôl ac ymlaen fel pen crwban sy'n dioddef o'r igian, tra bod hi'n gwneud y nadau mwya echrydus glywsoch chi 'rioed, a'i dwylo'n curo yn erbyn ei chluniau. Mae o'n edrych yn boenus iawn iddi hi, gryduras fach, heb sôn am fy nghlustiau i. Wn i ddim pam mae hi'n mynnu rhoi ei hun drwy'r fath ddioddefaint. Ta waeth am hynny, am unwaith roeddwn i'n falch o weld y peth am ei phen – roedd o'n rhoi rhyddid llwyr i mi wneud pob dim.

Tŷ Ffronswâ oedd y cam nesaf. Mi roedd hi wedi dechrau nosi erbyn hyn, 'da chi'n gweld, ac mi roeddwn i'n pendroni sut i gael y pŵdl allan i'r ardd heb i'w ddwy-goesiaid o feddwl bod rhywbeth o'i le. Pan gyrhaeddais i, doedd dim golau mewn unrhyw ffenest, ac felly dyma fi'n mentro i mewn i'r ardd gan s'nhwyro fy ffordd i'r cefn. Yn y drws cefn roedd sgwaryn bach gwyn yn y pren, uchder fy mrest i, a phan wthiais fy nhrwyn yn ei erbyn, dyma fo'n symud. Dychmygwch y braw ges i! Ond ar y llaw arall, roedd yn gyfle campus i alw ar Ffronswâ, a dyna beth wnes i, mewn llais ysgafn iawn, efo fy mhen yn y twll. Roeddwn i'n gallu gweld pob dim yn y gegin, ond doedd hynny ddim yn cynnwys Ffronswâ. Doedd dim sôn amdano fo'n unman. Efallai ei fod o wedi cael mynd efo'i dwy-goesiaid yn eu pedair-olwyn.

Dyma fi'n eistedd ar fy ngholyn am eiliad i gysidro beth i'w wneud nesa. Roeddwn i'n ymwybodol iawn bod amser yn cael ei wastraffu rhwng pob dim, ond heb gael Smwt neu Ffronswâ i wasgu drwy'r beipen glai, roedd fy nghynllun i'n deilchion.

Wrth grwydro drwy'r ardd, yn ceisio penderfynu beth i'w wneud nesa, dyma fi'n digwydd taro ar arogl Ffronswâ, ac mi roedd o'n un diweddar iawn. Efo gobaith yn codi yn fy nghalon, dilynais yr arogl at doriad bychan yn y gwrych, ac ar ôl cryn drafferth, llwyddais i wthio drwy'r deiliach a chael fy hun yn yr ardd drws nesa – gardd Boris! Mi fasa Pero wedi cael modd i fyw tasa fo wedi 'ngweld i.

Daeth lwmpyn i'm gwddw, ond llyncais o'n sydyn. Nid dyma'r amser i fod yn llwfr. Roedd Geraint fy angen i! Serch hynny, roeddwn i'n ofalus iawn, iawn, sut roeddwn i'n dilyn yr arogl o hyn ymlaen. Doeddwn i ddim am gyfarfod Boris wyneb yn wyneb ar ei libart ei hun heb ei ganiatâd o.

Roeddwn i mor brysur, fy mhen i lawr yn dilyn fy nhrwyn ac yn poeni am Boris, nes i mi bron â cherdded i mewn i'r cwt ci anferthaf welsoch chi 'rioed, ac roedd rhywun yn siarad tu mewn. Roeddwn i wedi fferru'n soldiwr pan glywais i lais dwfn Boris yn chwyrnu "Ty'd o 'na, wnei di!"

Haleliwia, dyn bob lliwia! Roedd o wedi fy nghlywed i, ac mi roedd o am fy llarpio i!! O, mam bach! Sut allwn i ddianc heb iddo fy nal? Ond wnewch chi byth, byth gredu beth glywais i nesa, na wnewch wir, nefar in Iwrop, fel maen nhw'n ddeud.

Ffronswâ! Ffronswâ, o bawb! Llais Ffronswâ, ei wich fach ddiniwed o, yn dal ei dir o flaen Boris! Na, yn fwy na hynny, yn dweud y drefn wrth Boris! I mewn yn y cwt ci anferth yna, a heb ddim pwt o ofn yn ei lais! Dim arwydd o gryndod o gwbwl.

"Dwi'n deud wrthat ti, Boris, fedri di ddim gwneud yr un peth eto. Rhaid i ni feddwl am rywbeth newydd."

"Ond Ffronswâ, dwi wedi blino. Does arna i

ddim isio gorfod meddwl am le newydd. Pam na allwn ni neud yr un peth eto?" meddai Boris mewn llais cwynfanllyd.

"Paid â bod yn fwy o dwmffat twp nag sydd raid i ti!" glywais i wedyn, a'm ceg yn syrthio ar agor mewn syndod. *'Twmffat twp'*? Oedd o'n gall? "Mi fydd pobol yn dechrau amau os wnawn ni'r un peth eto," meddai llais Ffronswâ wedyn.

"Ond Ffronswâ, plîîîîîs." Oedd Boris yn *crio*? Roedd hyn yn ormod i mi. Allwn i'm credu fy nghlustiau – roedd yn rhaid i mi gael gweld! Wedi anghofio fy ofn yn llwyr yn fy chwilfrydedd, cerddais yn hy i flaen y cwt.

"Be goblyn sy'n mynd ymlaen yn fan'ma?" holais, gan syllu'n geg-agored ar Ffronswâ'n gorwedd yn braf rhwng coesau blaen Boris.

Tasa ein hwynebau ni'r cŵn yn gallu troi'n goch fel mae wynebau dwy-goesiaid pan maen nhw'n teimlo'n ffyliaid, mi fasa wynebau Ffronswâ a Boris fel tomatos yr eiliad honno! Neidiodd Ffronswâ ar ei draed yn syth.

"Ew, Gel! Chdi sy 'na!" meddai, gan ddatgan yr amlwg, ei lais yn fwy gwichlyd nag erioed. Cliriodd ei wddw cyn chwilio am eiriau i geisio cuddio'i anniddigrwydd. "Ym . . . yli . . . tydi petha

ddim cweit fel maen nhw'n edrych, 'sti."

"Nag ydyn, decini," atebais innau. "'Da chi'ch dau i fod yn elynion pennaf!"

"Wel," atebodd Ffronswâ, "dim ond 'chydig bach o hwyl ydi o i gyd, 'sti. Bai'r dwy-goesiaid ydi o, a deud y gwir."

"Be ti'n feddwl?"

"*Zut alors!* Ti'n gwybod yn iawn fel maen nhw. All ci mawr fel Boris a chi bach fel fi fyth fod yn ffrindiau efo'i gilydd yn eu golwg nhw. Dwi i fod yn degan bach iddyn nhw gael ei fwytho, ac mae Boris i fod yn ffyrnig a bygythiol. Ond dim cŵn fel'na ydan ni o gwbwl. Fasa Boris ddim yn lladd pry genwair, na fasat, Boris?"

Gwenodd Boris arna i, gan ddangos ei ddannedd – *i gyd*! Rhaid cyfaddef nad oedd gen i ddim *cweit* yr un faint o ffydd ynddo fo ag oedd gan Ffronswâ.

"Felly rydan ni'n gorfod creu rhyw bantomeim bob bora i gadw byd y dwy-goesiaid yn ddiogel yn ei le. Does aflwydd o ots ganddyn nhw sut rydan ni'n teimlo go iawn!"

Roedd llais Ffronswâ wedi troi'n chwerw iawn, a minnau'n rhoi ystyriaeth ddwys i'r sefyllfa pan dorrodd Boris ar ein traws.

"Be wyt ti'n da allan mor hwyr yn y nos?"

Roedd ei gwestiwn fel pìn yn fy ngwar i. Mae'n gywilydd gen i gydnabod fy mod i wedi llwyr anghofio pwrpas fy siwrnai yn y rhyfeddod o ddarganfod cyfrinach y ddau.

"Nefi blw!" medda fi. "Blincin hec! Ylwch, mae'n rhaid i chi'ch dau ein helpu ni."

Eglurais y sefyllfa iddyn nhw mor gyflym ag y gallwn, a chwara teg iddyn nhw, dyma'r ddau'n cytuno i ddod efo fi ar unwaith.

"Dim ond un peth bach, Gel," meddai

Ffronswâ'n dawel wrth i ni gychwyn drwy giât yr ardd. "Ein cyfrinach ni fydd hyn, yntê?"

"Siŵr iawn," atebais innau. "Dim ffiars o beryg y bydd neb yn clywed gair gen i!"

Yn ôl yn y gwaith brics, roedd pethau'n edrych yn ddrwg. Cefais edrychiad rhif 3 gan Del (ia, yr un sy'n troi dŵr yn hallt), a doedd ei geiriau hi fawr caredicach chwaith.

"Lle gebyst 'da chi 'di bod? Mae'r dwy-goesiaid drwg wedi bod yma unwaith, ac wedi mynd eto."

"Unrhyw hanes o Geraint ac Emyr?" gofynnais.

"Na, ond mi rydan ni'n meddwl eu bod nhw wedi cael bwyd. Mi roedd y dwy-goesiaid yn cario pecynnau o bysgod a sglodion i mewn i'r lle, ac yn dod allan yn waglaw 'mhen dim o amser." Gwyrodd ymlaen i sibrwd yn fy nghlust. "Ac mi ges i andros o job cadw Smwt rhag mynd i fegian am y sglodion!"

Heb oedi rhagor, dyma Ffronswâ – gyda'r papur dan ei golar a'r ffon sgwennu yn ei geg – yn gwthio'i gorff i mewn i'r beipen glai, a ninnau ar bigau'r drain y tu allan yn gobeithio y byddai'n llwyddo. Gyda rhyddhad y clywsom ni gyfarthiad bach main o'r tu mewn i ddweud ei fod wedi cyrraedd yn ddiogel. Yna distawrwydd oedd yn teimlo'n hir iawn i ni o'r tu allan.

Mi fasa chi wedi gallu clywed chwannan yn tisian wrth inni ddisgwyl i'r pŵdl ailymddangos. Roedd glaw mân wedi dechrau disgyn eto, gan wneud i oleuadau'r stryd tu allan droi'r dafnau dŵr ar ein cotiau yn berlau gloyw. Roedd ceg y beipen yn ddu fel y fagddu, ac roedd yn rhyddhad mawr pan welson ni drwyn pinc Ffronswâ yn dod allan ohono.

"Wyt ti wedi llwyddo?" holais cyn i'r creadur allu llusgo'i ben-ôl allan. Ond doedd dim rhaid iddo ateb, achos gallwn weld darn o bapur wedi'i wthio i'w golar. Yn well fyth, dyma lais Geraint yn dod i lawr y beipen.

"Gel! Gel, wyt ti yna?"

Rhoddais gyfarthiad bach yn ateb, ac mi roedd fy nghynffon yn chwifio fel melin wynt, mor falch roeddwn i o'i glywed.

"Gel, elli di nôl Dad i mi? Dos â'r nodyn iddo fo, Gel, hogyn da."

Mae'n gas gen i pan mae rhywun yn dweud wrtha i am wneud rhywbeth roeddwn yn bwriadu ei wneud yn y lle cyntaf, 'da chi ddim yn cytuno? Beth oedd Geraint yn ei feddwl oedd y syniad tu cefn i roi'r papur a'r ffon fain iddo *heblaw* anfon neges at Dad? Maen nhw'n meddwl ein bod ni'n anifeiliaid hollol dwp, ond nhw ydi'r rhai twp mewn gwirionedd! Ond wnes i ddim digio gormod, achos roeddwn i mor falch o glywed llais Geraint unwaith eto, ac roedd arna i ofn i'r dwy-goesiaid drwg ddod yn eu holau.

Pennod 10

Carlamodd Ffronswâ a minnau fel ceffylau rasio, ei goesau byrion yn gyrru fel dŵr o bistyll, chwara teg iddo fo, wrth iddo fo geisio dal i fyny efo fi. Roedd golau ymlaen yng nghegin tŷ ni, ac wrth neidio i fyny gallwn weld Dad a Mam drwy'r ffenest, yn eistedd wrth fwrdd y gegin ac yn siarad yn dawel – am unwaith – efo'i gilydd. Dyma fi'n cyfarth nerth fy mhen i gael eu sylw nhw, a Ffronswâ yn rhoi cymaint o help ag oedd yn bosib i lais mor wichlyd.

Gwgu wnaeth Dad pan agorodd y drws, felly dyma fi'n sboncio i fyny a rhoi fy nwy bawen flaen ar ei frest o mewn cyfarchiad. Yn anffodus, rhoddais ychydig ormod o nerth yn y sbonc, oherwydd syrthiodd Dad yn ôl, ac mi fasa fo'n glewt ar y llawr tasa'r gadair heb fod yno i'w ddal o. Cyn gynted ag yr oedd pen-ôl Dad wedi cyffwrdd sedd y gadair, neidiodd Ffronswâ ar ei lin gan gyfarth – neu'n hytrach gwichian – fel peth gwallgo yn ei glust o.

Mi fasa Ffronswâ druan wedi teimlo cefn llaw Dad heblaw fod Mam wedi gweld y papur oedd wedi'i glymu i'w golar. Roedd hi wedi ei gael yn rhydd mewn eiliadau, ac yn ei agor allan i ddangos i Dad, pan neidiodd Ffronswâ i lawr a sefyll y tu ôl i mi – doedd o ddim mor dwp i beidio gweld perygl.

Roedd y ddau ohonan ni ar bigau'r drain yn disgwyl iddyn nhw wneud rhywbeth, ond o diar! dechreuodd y lleisiau godi, a gwelais eu bod am gael ffrae arall, yn lle sylweddoli fod angen help ar Geraint.

"Ty'd, Ffronswâ, mi fydd y rhain yn ffraeo am oriau. Mi awn ni'n ôl i'r gwaith brics."

Doedd dim golwg o'n ffrindiau wrth yr adeilad, ond doedd hynny ddim yn broblem i ni, achos roedd fy nhrwyn i'n dweud eu bod nhw'n cuddio tu ôl i bentwr o sbwriel. Rhoddodd Del adroddiad cryno i mi o beth oedd wedi digwydd.

"Mae tri dwy-goes wedi mynd i mewn at Emyr a Geraint y tro yma. Fe ddaethon nhw bron yn syth ar ôl i chi fynd. Ydi'n dwy-goesiaid ni yn dod i helpu?"

"Wn i ddim!" atebais, fy llais yn chwyrn. "Maen nhw mor dwp fel na allan nhw ddeall neges syml heb orfod ffraeo am y peth. Allwn ni ddim dibynnu arnyn nhw, beth bynnag. Mae hi i fyny i ni, rŵan."

Wrthi'n penderfynu ar y ffordd orau i achub y ddau oeddan ni pan fu bron iawn i mi neidio allan o'm croen wrth glywed llais Geraint yn codi mewn ofn. Rhuthrodd Del a fi at y drws pren, ein gwrychyn wedi codi, ac roedd y lleill wrth ein sodlau ni, fel ffrindia da.

Fel un corff dyma ni'n taflu'n hunain yn erbyn y drws i geisio'i agor. Roeddwn i'n diolch i Anubis fod Boris yno, achos heb ei bwysau o mi fyddai'r dasg wedi bod yn amhosib.

Un hyrddiad efo'i ysgwydd ac roedd y drws yn gwegian. Ail hyrddiad a dyma ddarn o bren yn syrthio allan, gan wneud twll i ni allu gweld yr olygfa oddi mewn. Ac am olygfa! Anghofia i fyth mohoni. Geraint ac Emyr yn gwingo ar eu hyd ar lawr caled, budr, tra oedd dau o'r dwy-goesiaid yn ceisio eu clymu â chortyn, a'r .trydydd dwy-goes yn barod i glymu darnau o gadachau am eu cegau i'w rhwystro rhag gweiddi.

Ond y peth gorau oll oedd yr edrychiad ar

wynebau'r tri wrth weld y drws yn ffrwydro ar agor dan drydydd hyrddiad Boris. Anghrediniaeth yn troi'n arswyd wrth i'n rheng flaen ymddangos a dynesu atyn nhw'n araf. Smwt, Pero a Ffronswâ a'u pennau'n isel, pob un â'i wrychyn i fyny fel mwng llew, a'u gwefusau'n crychu i ddangos pob un dant oedd yn eu pennau.

Trodd yr arswyd yn banic llwyr pan welson nhw'r ail reng. Del a minnau fel cŵn Annwn, yn tasgu tân drwy'n llygaid, ac yn y canol rhyngom ni, Boris y Doberman! Boris, wedi chwyddo i ddwywaith ei faint anferthol arferol. Cawr o gi, a'r rhan fwyaf ohono'n ddannedd!

Wel, doedd ganddyn nhw ddim gobaith, nag oedd? Fe weithiodd y cyfan fel tasan ni wedi bod yn ymarfer ers blynyddoedd. Mi es i am y dwy-goes oedd yn hambygio Geraint, a Del am yr un oedd yn bygwth Emyr. Ew, ddylsach chi fod wedi gweld Del! Sôn am ffyrnig! Doedd dim trugaredd ynddi hi o gwbwl wrth iddi gau ei genau am fraich y dihiryn a'i dynnu i'r llawr.

Anelodd Smwt a Pero am y trydydd, yr un efo'r cadachau, tra bod Boris yn rhedeg rhwng y tri ac yn cadw llygad ar y cyfan, gan sicrhau nad oedd yr un ohonyn nhw'n gallu mynd yn agos at y drws i ddianc.

Roedd gan Ffronswâ ei waith arbennig ei hun – fo oedd yn gyfrifol am gnoi drwy'r cortyn oedd yn clymu dwylo Geraint ac Emyr, ac mi wnaeth ei waith yn effeithiol dros ben.

Cyn gynted ag yr oeddan nhw'n rhydd, dyma fi'n ceisio'u cael nhw allan o'r drws ac i ddiogelwch, ond roedd Geraint yn gwrthod symud. Roedd o'n gweiddi nerth ei ben arna i, a finna heb glem beth oedd yn bod.

"Plant!" medda fo, gan bwyntio at y llawr lle'r oedd Ffronswâ'n sefyll. "Y plant! Dydw i ddim yn mynd hebddyn nhw!" Roedd o mor daer nes iddo ddechrau dawnsio'n ei unfan. A dyna pryd yr agorodd y ddaear a llyncu Ffronswâ.

Pennod 11

Roedd y distawrwydd yn llethol, yn llwyr, a phob un ohonom yn syllu'n gegagored ar yr agoriad lle diflannodd Ffronswâ. Roeddwn i wedi fy syfrdanu. Nid yn unig am fod Ffronswâ wedi diflannu, ond hefyd am fod yr holl arogleuon hynny o goed pinwydd ac eira a heulwen tanbaid a ogleuais i y tu allan i'r adeilad yn codi'n donnau o'r twll.Yna neidiodd Boris am yr ymyl a dechrau beichio crio.

"Ffronswâ! Ffronswâ bach! Ffronswâ druan!" llefodd nerth ei ben, a dyma'r drol yn troi. Mi allwch chi ddychmygu beth ddigwyddodd nesa, gallwch chi?

Mi soniais i o'r blaen fod Boris ag ofn Mrs Dafis efo'r brws llawr, yn do? Wel, rhaid i mi gywiro hynny. Nid ofni Mrs Dafis efo brws llawr mae Boris, ond ofni brws llawr, atalnod llawn.Yn y cythrwfl, mae'n rhaid fod rhywun wedi taro'r brws llawr a bwysai'n erbyn y wal, achos rŵan dyma fi'n gweld y goes yn simsanu, yna'n syrthio gyda chlep oedd fel ergyd o wn yn y distaw-rwydd. Roedd hynny'n ormod i Boris druan, a gydag un edrychiad brawychus ar y brws, sgrialodd am y drws ac allan â fo.

Wel, doedd dim gobaith wedyn, nag oedd? Boris, yr unig gi allai godi arswyd ar y dwy-goesiaid drygionus 'na, wedi'i heglu hi am ei fywyd, a'n gadael ninnau i wynebu'r canlyniadau. Ac fe ddigwyddodd y canlyniadau fel chwrligwgan wedyn. Cyn i ni allu meddwl beth i'w wneud nesa, roedd y dwy-goesiaid ar eu traed ac roedd Geraint ac Emyr yn eu breichiau, yn sgrechian a chicio tra bod y trydydd, ar ôl gweld pa mor effeithiol oedd y brws llawr, wedi gafael ynddo ac ymosod arnan ni.

Mi gafodd fy mhen druan i sawl waldan gan y brws cyn i mi orfod ildio tir, wysg fy ngefn, i gyfeiriad y drws. Er bod y pedwar ohonan ni oedd ar ôl wedi chwyrnu a chyfarth gorau gallwn ni, doeddan ni ddim yn gallu torri trwadd i achub Geraint ac Emyr, a digalonnais pan welais i nhw'n diflannu i mewn i'r twll ar ôl Ffronswâ. Mae'n rhaid fod y lleill wedi teimlo'r un fath, achos cyn gynted ag y diflannodd y ddau, roedd ein hysbryd ni wedi torri, a gadawsom i'r brws llawr ein sgubo allan o'r adeilad. Caeodd y drws yn glep ar ein holau, a chlywsom rywbeth trwm yn cael ei lusgo ar hyd y llawr i'w gadw ar gau.

Wn i ddim pwy oedd y tristaf, na wn wir. Mi allwn i fod wedi beichio crio wrth gofio'r edrychiad ar wyneb Geraint wrth iddo fynd o'r golwg i'r twll. Mae'n siŵr fod Del yn meddwl yr un fath am Emyr, achos roedd hi'n dawedog iawn.

"Be 'dan ni'n mynd i'w wneud rŵan?" holodd Pero'n dawel.

Ysgydwais fy mhen, heb ddweud yr un gair. Doeddwn i ddim am i neb glywed y dagrau'n fy llais. Clywais sŵn clic-clic tu ôl i mi, a throis fy mhen i weld Boris, ei ben yn isel, a'i ewinedd yn taro'r llawr caled wrth iddo groesi tuag atom ni. Chwarae teg iddo fo, roedd o wedi dod yn ei ôl.

"Sori," medda fo'n dawel yn ei lais dwfn.

Trodd Del oddi wrtho ac eistedd â'i chefn tuag atom. Gwaedodd fy nghalon wrth weld y tristwch a'r cywilydd ar wyneb Boris druan.

"Hidia befo," medda fi wrtho'n dawel, "mae pawb yn cael munud wan weithia."

Wedi'r cyfan, roeddwn i'n meddwl i mi fy hun, rydw i wedi gweld Mam yn sgrechian a thynnu'r tŷ i lawr pan mae'n gweld y pry copyn bach lleiaf, mwyaf diniwed dan haul, yn sefyll yn y bath.

"Shhh!" meddai Pero'n sydyn, "mae 'na rywbeth yn dod!"

Gwrandawodd pawb yn astud, pob clust ar i fyny, ac roedd Pero yn llygad ei le. Roedd pedair-olwyn yn dod i fyny'r lôn am y gwaith brics.

"Brysiwch, cuddiwch!" medda fi, a dyma pawb yn fy nilyn i gysgod y llwyni coed-glöyn-byw sy'n tyfu'n wyllt drwy'r lle.

Ymddangosodd dau lygad mawr gloyw y pedair-olwyn, yn goleuo'r coed a'r adeiladau wrth fynd heibio. Roeddan ni i gyd yn swatio'n isel allan o'u cyrraedd, ac yn gwylio'n astud wrth iddo aros wrth ddrws yr adeilad lle'r oedd Geraint ac Emyr. Roedd yn bedair-olwyn anferth, y math mae dwy-goesiaid yn eu defnyddio i gario bocsys o amgylch y lle. Daeth dwy-goes allan o'i sedd tu ôl i'r olwyn, a cherdded am y drws, gan adael drws y pedair-olwyn ar agor. Bu'n curo arno am sbel cyn i ni glywed beth bynnag oedd yn ei gadw ar gau yn cael ei lusgo o'r ffordd. Yna gwelais y drws yn agor y mymryn lleiaf, a wyneb yn sbecian heibio, gan edrych i bob cyfeiriad cyn ei agor ymhellach, a gadael yr un oedd tu allan i mewn. Caewyd y drws yn glep ar ei ôl.

Cododd fy nghalon wrth sylweddoli cymaint o'n hofn ni oedd ar y dwy-goesiaid, ac roeddwn ar fin dweud hynny wrth Boris, iddo yntau gael teimlo'n well, pan sibrydodd Smwt yn fy nghlust.

"Hei, Gel," meddai'n dawel, "dwi isio taflyd i fyny."

"*Be?*" medda finna, yn methu credu 'nghlustiau. "Dim rŵan, Smwt!" Roedd gen i ddigon o waith meddwl fel roedd hi, heb orfod dandwn ci bach gwancus. Roedd rhith bach o syniad wedi dod i mi.

"Sori, Gel, 'rhen goes, ond alla i ddim dal fawr rhagor ..."

Erbyn meddwl, roeddwn i wedi sylwi fod Smwt yn dawedog ers sbel, ond yn credu mai dychryn ac ofn oedd y rheswm am hynny.

Mi roedd Del yn gynddeiriog.

"Eitha gwaith â ti, y mochyn bach barus!" dechreuodd ei ddwrdio. "Gobeithio y dysgi di wers ar ôl hyn ..."

"O-o-o-o, dwi'n sâl! Gel, plîs."

Meddyliais yn gyflym. Doedd dim modd

rhwystro natur rhag cael ei ffordd, felly dyma fi'n dangos yn union i Smwt lle y gallai fynd i fod yn sâl, ymhell o'n cyrraedd ni. Yn y cyfamser, eglurais wrth bawb y cynllun dieflig a fflachiodd i'm meddwl. 'Da chi'n gweld, roeddwn i newydd gael darlun yn fy mhen o'r diwrnod hwnnw pan roedd Dad yn gorwedd ar lawr, ei ben a hanner ei gorff o dan ein pedair-olwyn ni, tameidiau o'r pedair-olwyn o'i gwmpas ym mhobman, tra oedd Mam a Mair yn ei wylio, wedi gwisgo'u dillad gorau, yn amlwg ar gychwyn i rywle, ac yn dwrdio Dad i'r cymylau.

Chwarddodd Del, a dyma hi a Pero a minnau'n rhuthro am y pedair-olwyn mawr ac yn stwffio oddi tano, a Boris yn cadw golwg rhag ofn i'r dwy-goesiaid ddod allan. P'run bynnag, roedd o'n rhy fawr i allu cyrraedd mor isel.

"Rhwygwch bob tamaid meddal y gallwch chi," anogais nhw. "Ewch ati i gnoi nerth eich dannedd drwy bob peipen, pob weiren. Rhwygwch bob dim yn rhacs jibidêrs!"

Wrth lwc, fe gyrhaeddon ni'n ôl yng nghysgod y llwyni, a Smwt yn ein dilyn, eiliadau cyn i'r drws agor.

"Ti'n well rŵan?" sibrydais wrth Smwt.

"Gwell," ategodd Smwt gyda gwên fawr.

Gan edrych o'i gwmpas yn wyliadwrus, daeth un dwy-goes allan ac agor y drysau yng nghefn y pedair-olwyn. Amneidiodd gyda'i fraich, a daeth rhagor ohonyn nhw allan, pob un yn cario bocsys mawr, a'u rhoi yng nghefn y pedair-olwyn. Pedwar ohonyn nhw i gyd, yn cerdded 'nôl a 'mlaen yn cario bocsys nes bod cefn y pedair-olwyn yn llawn. Dringodd dau dwy-goes i'r cefn

gyda'r bocsys, un o'r lleill yn cau'r drysau gyda chlep, a rhoi clo ar y drws.

"Hwrê!" medda fi dan fy anadl. "Byddwch yn barod, rŵan, hogia," medda fi wedyn, a phawb yn cyrcydu, yn barod i ruthro. "Unrhyw funud rŵan . . . pawb yn gwybod lle i fynd?" sibrydais. Pawb yn nodio pen.

Aeth un ohonyn nhw i agor y drws pella oddi wrth yr olwyn, a dringo i mewn. Aeth y llall rownd at y drws agored, a dechrau dringo i mewn.

"Rŵan!" gwaeddais.

"Ych a fi!" gwaeddodd y dwy-goes, gan lamu'n ôl o'r pedair-olwyn. Roedd yn dawnsio'n ei unfan, yn ysgwyd ei ddwylo'n yr awyr, yn eu rhwbio'n ei drowsus cyn ailfeddwl, ac yn gweiddi "Yyyyy! Ych! Yyyyy!" bob yn ail nes iddo weld Boris yn gwenu'n fygythiol arno. Wedyn dywedodd "yyyyyyyyy" mewn llais bach diniwed, ofnus iawn, iawn, iawn.

Safai Boris yn sgwâr o'i flaen, yn bygwth pob mathau o arteithiau ofnadwy i'r rhai a feiddiai niweidio'r un blewyn bach o groen Ffronswâ. Gyda thu mewn y pedair-olwyn un ochr iddo, a'r drws agored yr ochr arall, doedd y dwy-goes *yna* ddim am redeg i ffwrdd i unman, beth bynnag. Yn sicr, doedd o ddim am neidio i mewn i'r peiriant ac eistedd mewn pwll o chwydfa Smwt.

Gwelais y ddwy-goes arall yn gwyro drosodd i geisio tanio'r pedair-olwyn, gan regi a bygwth y llall, ond yn ofalus o osgoi'r pwll aflan ar sedd y gyrrwr. Daliais fy ngwynt an eiliad, yn erfyn ar fy nghynllun i fod yn llwyddiannus. Trodd y 'goriad bach, ond yn lle'r rhuo arferol, chlywson ni ddim byd ond rhyw 'Y-yyy, Y-yyy' marwaidd. Penderfynodd y dwy-goes mai'r peth callaf oedd dianc. Hynny yw, nes iddo weld Smwt a Pero, Del a minnau'n ysgyrnygu arno fo. Yna arhosodd lle'r oedd o.

Gan adael Pero a Smwt i gadw hwnnw'n ei le, a Boris i gadw'r llall, cychwynnodd Del a minnau am yr adeilad i chwilio am Geraint ac Emyr.

"Cofiwch am Ffronswâ," galwodd Boris ar ein holau.

"Siŵr iawn, 'rhen hogyn," atebais innau, gan geisio codi ei galon. "'Chydig bach yn ddrewllyd yma, yn tydi?" medda fi wedyn. Edrychodd Boris a finnau ar gyfog Smwt yn diferu o law y dwy-goes, ac ar y pyllau anghynnes ar y sedd, yr olwyn a'r llawr. Roedd y dwy-goes arall yn dal tamaid o glwt at ei drwyn, ond ni feiddiai neidio allan. Chwarddodd Boris, ond roedd sŵn ei chwerthin yn ddigon i ddychryn y dwy-goes; bu bron iddo ddewis eistedd yn y chwydfa'n hytrach na wynebu Boris, ond petrusodd hanner ffordd. Fferodd yn y fan a'r lle, un droed ar stepan y pedair-olwyn ac un llaw yn gafael yn yr olwyn lywio, a'i droed arall yn hongian yn y gofod. Deuai twrw bloeddio a rhegi a chicio o'r cefn, ond ni chymerodd neb unrhyw sylw ohono.

Pennod 12

Erbyn i ni gerdded i'r ystafell lle gwelson ni'r hogia'n gynharach, roedd y twll mawr wedi diflannu, a'r llawr yn gyfan eto. Eisteddais i lawr a chrafu 'nghlust.

"Lle gebyst mae'r twll wedi mynd?" meddwn i mewn penbleth. Roeddwn yn falch o sylwi fod Del yn edrych yr un mor hurt. Yna dechreuodd s'nhwyro'r llawr, ac mi es innau i'w helpu. Cyn pen dim, roeddan ni wedi darganfod ochrau'r twll, gan fod rhyw awgrym o'r ogleuon yn codi i'n ffroenau unwaith eto.

"Hmm," meddai Del yn feddylgar, ei phen ar un ochr. Gwyliais hi'n codi a cherdded at lle'r oedd Geraint wedi bod yn dawnsio. Dychrynais am fy mywyd wrth ei gweld hithau'n dechrau dawnsio a neidio'n ei hunfan, yn union fel y gwnaeth Geraint. Oedd rhywbeth od yn yr awyr yn y llecyn hwnnw, tybed? Rhywbeth oedd yn gwallgofi pobol?

"Tyrd, Gel, tyrd i helpu!" arthiodd arnaf. "Dydw i ddim yn ddigon trwm. Mae angan Smwt," meddai wedyn, gan hanner chwerthin. Ond mi es i draw ati a gwneud fel roedd hi'n gofyn, er na wyddwn i'n y byd pam. Yn sydyn bwt, teimlais rywbeth caled, fel carreg lefn, dan fy mhawen ôl, a sŵn *clic* ysgafn, ac agorodd y llawr o'n blaenau. Cododd gwawr o olau i fyny o'r twll yn y ddaear, yn ogystal â thon ar ôl ton o'r un hen arogleuon. Yn araf, araf, â'n boliau'n llusgo hyd y llawr, dyma ni'n cripio'n ddistaw at ymyl y twll ac edrych i mewn iddo.

Iesgob annwyl! Mi fu bron i mi lewygu! Roedd o fel edrych i lawr ar bwll o ddŵr a hwnnw'n llawn grifft llyffant anferth. Roedd llygaid ymhobman! Rhai glas, rhai du, rhai brown, rhai llwyd, llygaid mewn wynebau o bob lliw dan haul, a phob un yn rhythu i fyny arnan ni!

"Gel? Del? Chi sy 'na?"

Daeth lleisiau annwyl Geraint ac Emyr i'n clustiau o berfeddion y twll, a dyma'n cynffonnau ni'n dechrau ysgwyd yn wyllt. Gwelais y môr o wynebau'n ysgwyd a gwahanu wrth i ddau ben wthio'u ffordd at yr ysgol oedd yn hongian i lawr o geg y twll, yn union fel mae'r glaswellt mewn cae yn symud wrth i lygoden fach ymlwybro drwyddo.

Allwch chi ddychmygu'r llyfu wynebau, yr ysgwyd cynffonnau, y neidio a'r cofleidio ddigwyddodd wedi i Geraint ac Emyr ddringo o'r twll? Roedd fy mhen i'n wlyb domen ar ôl i Geraint fod yn rhwbio'i wyneb ynddo fo, ac mi wyddwn fod Del yn yr un cyflwr.

Cyn i chi allu deud *Schweizerischerlaufhund* (ia, **llawer** llai o amser na hynny!) roedd Geraint ac Emyr wedi cael yr holl dwy-goesiaid bach i fyny o'r twll, a'u gosod yn daclus mewn rhesi y tu allan i'r adeilad. Wrth i bob un fy mhasio, gallwn adnabod yr arogleuon rheini y soniais amdanyn nhw, ond bod pob un ar wahân y tro hwn. Bachgen bach a'i groen yn dywyll, dywyll, yn ogleuo o haul tanbaid a llwch; merch fach lygatlas yn ogleuo o goed pinwydd ac oerni mynyddoedd uchel, bachgen bach arall yn ogleuo fel y saws hwnnw fydd ar sglodion weithiau.

"O ble gebyst mae'r rhain wedi dod?" medda fi'n syfrdan wrth Del.

"Wn i ddim wir," atebodd hithau, "ond maen nhw'n gwneud synau gwahanol i'w gilydd, wyt ti wedi sylwi?"

Wyddoch chi be? Roedd hi'n iawn hefyd. Wrth i Geraint neu Emyr geisio dweud rhywbeth wrthyn nhw, roedd ton o bob mathau o synau'n dod o'r holl gegau, yn blith draphlith ar draws ei gilydd, a neb yn deall beth ddywedai'r llall. O leiaf rydan ni'r cŵn yn gallu siarad gyda'n gilydd heb drafferth. Gall *Shih-tzu* siarad efo *Lhasa Apso* neu *Rottweiler* neu *Xoloitzcuintli* heb broblem yn y byd.

"Lle mae Ffronswâ?" galwodd Boris o'i safle wrth y pedair-olwyn, gan dorri ar draws ein rhyfeddod. Edrychodd Del a minnau ar ein gilydd gan ddigalonni. Ia, lle'r oedd Ffronswâ? Welson ni'm blewyn o'i ben o. Heb yngan yr un gair, dyma ni'n dau'n troi ar ein sodlau ac yn mynd yn ôl at y twll. Doedd dim amdani ond neidio i mewn, a llithro i lawr yr ysgol gorau y gallen ni.

Roedd o'n anferth o le, a bocsys ym mhobman. Dau fwrdd hir, a theganau bach, fel y gwelwch chi yn y siopau ger y castell, yn gorwedd yma ac acw, yn drist ac amddifad. Dreigiau bach blewog, coch oeddan nhw, yn edrych yn ddigon del, hefyd, a phwt o ruban gwyrdd i chi eu hongian nhw ar fachyn. Mi fasan nhw'n gwneud teganau da i gŵn bach eu rhwygo'n ddarnau, heblaw am un peth: roedd hen arogl chwerw arnyn nhw, fel y wermod lwyd, yr un hen arogl ag oedd ar y bag hwnnw o bowdwr gwyn. Pwniais un gyda'm trwyn, a gweld fod bol y ddraig ar agor, a bod ei lond o'r powdwr hwnnw. Fe wnaeth i mi disian.

Edrychais o'm cwmpas wedyn, a gweld y dreigiau bach coch, blewog ym mhobman. Ond wrth i mi ddyfalu beth oedd yn digwydd yma, dyma fi'n arogli rhywbeth arall, rhywbeth – neu'n hytrach rhywun – cyfarwydd iawn.

"Ffronswâ!" medda Del a finna ar yr un gwynt. Dilyn y trywydd, a hwnnw'n ein harwain y tu ôl i andros o focs mawr ym mhen pella'r 'stafell. Yn cuddio y tu ôl i'r bocs roedd dwy-goes fechan, pen-ddu, ei hwyneb yn ddim ond llygaid duon, anferth. Roedd yn cyrcydu'n y gongl bella un, yn swatio fel petai arni ofn cael clustan. Yn ei breichiau, yn gorwedd yn braf ar ei gefn fel rhyw ddoli flewog, ei goesau main yn chwifio'n ysgafn yn yr awyr wrth iddo geisio cyrraedd ei hwyneb i lyfu'r dŵr hallt o'i llygaid, roedd Ffronswâ. A doedd ganddo'r un mymryn lleiaf o gywilydd wrth gael ei ddal yn y ffasiwn gyflwr, chwaith!

"Haia Gel a Del!" medda fo'n siriol. "Dyma Fu Ming, fy ffrind bach newydd i. Hyfryd, yn tydi?"

Erbyn i ni eu hebrwng i fyny'r ysgol ac allan i'r awyr iach, roedd Dad a Mam wedi cyrraedd, efo Dad a Mam Emyr a llu o ddwy-goesiaid mewn dillad glas tywyll, a'r twrw mwya cythreulig glywsoch chi 'rioed, fel mil o gathod yn sgrechian. Roedd goleuadau glas i'w gweld yn fflachio rhwng canghennau'r coed.

"Popeth yn iawn, Boris?" medda fi, wedi iddo garlamu i gyfarch ei ffrind, er bod Ffronswâ'n dal ym mreichiau Fu Ming. Chwara teg i'r dwy-goes fach, wnaeth hi ddim troi blewyn wrth weld y fath horwth o gi yn dod tuag ati. Dylanwad a chalondid Ffronswâ, mae'n debyg.

"Siort ora', Gel," atebodd Boris, ei fyd yn gyflawn unwaith eto wrth weld ei ffrind yn fyw ac iach.

Mater o aros oedd hi wedyn, a gweld y dwy-goesiaid drwg yn cael eu harwain i ffwrdd. Roedd un o'r dwy-goesiaid mewn dillad glas yn ddigon trugarog i nôl bwced o ddŵr er mwyn i garcharor Boris allu golchi'i ddwylo – neu efallai nad oedd y glas am gael drewdod Smwt ar y coleri dur a roddodd am ddwylo'r dihiryn.

Daeth Mr a Mrs Dafis ymlaen i gofleidio Ffronswâ, ac fe gafodd y dwy-goes fach ei chofleidio hefyd, ac andros o sws gan Mrs Dafis. Gafaelodd Mrs Dafis yn llaw Fu Ming, a cherdded i ffwrdd efo hi.

"Hy!" medda Boris, wedi pwdu am nad oedd Ffronswâ wedi deud bw na be wrtho fo, ond chymerais i ddim sylw. Roedd yr olygfa'n un mor hapus. Cyn i'r teulu gyrraedd pedair-olwyn Mr Dafis, fodd bynnag, dyma Ffronswâ'n rhuthro'n ei ôl, ac yn sibrwd rhywbeth yng nghlust Boris. Beth bynnag ddwedodd o, mi aeth y ddau am y pedair-olwyn yn hapus braf – a brenin y bratia, gwarchod pawb, caton pawb, choeliwch chi byth, dyma fi'n gweld Boris yn cael dringo i gefn y pedair-olwyn efo nhw!

A beth am yr holl ddwy-goesiaid bychain eraill, medda chi? Wel, y peth gorau ydi i mi adrodd beth ddwedodd Geraint ac Emyr wrth eu rhieni tra bod pawb yn cael clamp o swper yn nhŷ Del. Roedd Smwt a Pero wedi cael dod hefyd, efo'u dwy-goesiaid nhw.

"Plant bach amddifad ydyn nhw i gyd,"

eglurodd Geraint, oedd wedi bod yn siarad efo'r plant a'r dwy-goesiaid yn y dillad glas, "o bob rhan o'r byd. Y dynion drwg wedi addo cartrefi da iddyn nhw yma yng Nghymru. Ond roedd yn rhaid iddyn nhw weithio am eu bwyd yn y selerydd yna'n y gwaith brics. Roeddan nhw'n gorfod tynnu'r stwffin allan o'r dreigiau bach blewog, a stwffio cyffuriau i mewn yn eu lle. Dim ond bysedd plant oedd yn ddigon bach i wneud y gwaith, dybiwn i. Fel yna, roedd y cyffuriau'n cael eu hallforio i bob rhan o'r byd, a neb ddim callach."

Rhyfeddodd pawb at ba mor ddrwg roedd rhai dwy-goesiaid yn medru bod.

'Ond beth am y dwy-goesiaid bach eraill?' Dyna 'da chi'n dal i ofyn, yntê? 'Beth ddigwyddodd iddyn nhw?' Wel, mi rydw i'n falch o allu deud wrthach chi fod pobol y dref wedi bod yn casglu arian i'w cadw nhw'n ddiogel ac yn iach tra bod nhw'n chwilio am rieni newydd iddyn nhw yma yng Nghymru; dyna ichi ddwy-goesiaid ffeind a thwymgalon, yntê? A wyddoch chi be sy'n well fyth? Mae Fu Ming am gael aros am byth efo Mr a Mrs Dafis a Ffronswâ, ac mae hi hyd yn oed – coeliwch hyn neu beidio – yn cael mynd am dro ar gefn Boris! Bob bore, rŵan, yn lle'r syrcas efo Boris yn chwilio am le i neud ei fusnes, mi rydan ni'n gweld Fu Ming yn cael marchogaeth ar gefn Boris rownd a rownd yr ardd, a Mrs Dafis yn rhoi "o bach" iddo fo am wneud. Dew, mae'r byd 'ma'n lle rhyfeddol, yn tydi?

Wel, dyma fy stori i bron ar ben rŵan. Ew, mi gawson ni andros o noson dda y noswaith honno. Roedd hi'n braf gweld Mam a Dad yn gwenu'n hapus efo Geraint unwaith eto – am y tro, beth bynnag. Buon ni'r cŵn yn trafod y diwrnod gyda'n gilydd tra eisteddai'r dwy-goesiaid yn cloncian, a phob atgof, rhywsut neu'i gilydd, yn chwyddo wrth gael ei ail-ddweud. Wyddoch chi fod Smwt yn taeru i un o'r dwy-goesiaid mewn dillad glas ofyn iddo fo weithio iddyn nhw? Am mai fo oedd wedi s'nhwyro'r powdwr gwyn gyntaf oll, medda fo, ac wedi deall pa mor beryglus oedd o. Mi wrthododd fynd efo nhw am nad oedd o am adael ei ffrindiau, medda fo. Wel, coeliwch hynny neu beidio, mae o i fyny i chi. Cwbwl ddeuda i ydi fod Smwt yn un da am freuddwydio pethau.

Y noson honno, ac am bob noson wedyn, mi

ges i gysgu ar y gwely efo Geraint, a wyddoch chi, mi gysgais i mor dda nes i mi gael breuddwyd arall. Wn i ddim os mai'r cyw iâr cyfa' gefais i swper oedd ar fai (mi gafodd Smwt ddau, medda fo, un arall ar ôl mynd adra, ond dydw i ddim yn siŵr a ydw i'n coelio hynny chwaith, 'da chi?) ond mi freuddwydiais fod Gelert y Cyntaf wedi dod o Sirius at draed y gwely ac wedi gwenu arna i a dweud: 'Da, gi da a ffyddlon'.

Ew, mi roedd fy nghalon i'n chwyddo, cofiwch, o glywed ei eiriau o. Roeddwn i ar ben fy nigon, a'm byd bach yn ddiogel a llawn. Allwn i ddim gofyn i bethau fod yn well na hynny, 'da chi'm yn cytuno?

Hw-yl!